AMOR E JUSTIÇA

Paul Ricoeur

AMOR E JUSTIÇA

Tradução
EDUARDO BRANDÃO

wmf martinsfontes
SÃO PAULO 2019

Esta obra foi publicada originalmente em francês com o título
AMOUR ET JUSTICE
por Editions Points, Paris, 2008
Copyright © Editions Points, 2008
A primeira edição desta obra foi publicada em versão bilíngue
por J. C. B. Mohr em 1990
Copyright © 2012, Editora WMF Martins Fontes Ltda.,
São Paulo, para a presente edição.

1ª edição 2012
2ª edição 2019

Tradução
EDUARDO BRANDÃO

Acompanhamento editorial
Luzia Aparecida dos Santos
Revisões gráficas
Maria Fernanda Alvares
Luzia Aparecida dos Santos
Edição de arte
Katia Harumi Terasaka
Produção gráfica
Geraldo Alves
Paginação
Studio 3 Desenvolvimento Editorial

Dados Internacionais de Catalogação na Publicação (CIP)
(Câmara Brasileira do Livro, SP, Brasil)

Ricoeur, Paul, 1913-2005.
 Amor e justiça / Paul Ricoeur ; tradução Eduardo Brandão.
– São Paulo : Editora WMF Martins Fontes, 2019.

 Título original: Amour et justice.
 Bibliografia
 ISBN 978-85-469-0260-6

 1. Amor – Aspectos religiosos 2. Justiça I. Título.

19-25340   CDD-177.7

Índices para catálogo sistemático:
1. Amor : Justiça : Filosofia   177.7

Todos os direitos desta edição reservados à
Editora WMF Martins Fontes Ltda.
Rua Prof. Laerte Ramos de Carvalho, 133 01325.030 São Paulo SP Brasil
Tel. (11) 3293.8150 e-mail: info@wmfmartinsfontes.com.br
http://www.wmfmartinsfontes.com.br

Índice

Sobre esta edição VII

I. Amor e justiça 1

II. O si no espelho das Escrituras 35
   Introdução 37
   1. A mediação linguageira e escriturária da fé bíblica 45
   2. "A unidade imaginativa" da Bíblia 48
   3. A Bíblia, um texto polifônico 53
   4. Expressões-limite 65

III. O si "mandatado". Na escola dos relatos de vocação profética 73
   1. O chamamento profético 77
   2. "Transformados na imagem crística" 85
   3. A figura do "mestre interior" 88
   4. O testemunho da consciência 92

Sobre esta edição

"Amor e justiça" foi originalmente uma conferência pronunciada por Paul Ricoeur quando da entrega, em 1989, do prêmio Leopold Lucas, que recompensa "trabalhos eminentes publicados no domínio da teologia, das ciências humanas, da história ou da filosofia". Nascido em 1872, Leopold Lucas foi um estudioso reconhecido por seus trabalhos históricos sobre as relações entre judeus e cristãos durante os primeiros séculos da nossa era. Fundou em 1902 a "sociedade para incentivar a ciência do judaísmo", que teve um papel importante, durante as primeiras décadas do século XX, na vida intelectual judaica. Foi também, durante quase quarenta anos, o rabino da comunidade judaica de Glogau, na Silésia. Convidado em 1941 por Leo Baek para dar um curso sobre "Bíblia e história" na Faculdade de Ciências do Judaísmo, de Berlim, foi deportado em 1942, com a mulher, Dorothea, para Theresienstadt, onde morreu no ano seguinte (Dorothea será deportada e assassinada em Auschwitz, em 1944).

O prêmio Leopold Lucas foi criado por Franz Lucas, filho de Leopold, em 1972, para celebrar o centésimo aniversário de nascimento do pai. A gestão do prêmio foi confiada à Faculdade de Teologia Protestante da Universidade de Tübingen. Esse prêmio comemora a memória do erudito que foi Leopold Lucas e propõe lembrar a responsabilidade dos intelectuais na promoção da paz entre os homens e os povos.

Paul Ricoeur, portanto, recebeu o prêmio e pronunciou nessa ocasião a conferência intitulada "Amor e justiça", que honra, com a retidão costumeira do filósofo, tanto a lembrança da personalidade e dos trabalhos de Leopold Lucas quanto o espírito do prêmio criado por seu filho. O texto foi inicialmente publicado numa edição bilíngue, em 1990, por Oswald Bayer, para a editora alemã J. C. B. Mohr.

Essa conferência é seguida por outros dois textos, o primeiro inteiramente inédito, o segundo parcialmente. "O si no espelho das Escrituras" e "O si 'mandatado'" são originalmente as duas últimas conferências (IX e X) do ciclo das *Gifford Lectures*, proferidas na Universidade de Edimburgo em 1985-1986[1]. Por que acrescentar essas

---

1. Títulos em inglês: *The Self in the Mirror of Scriptures* e *The 'Commissioned Self': O my Prophetic Soul!*. "O eu 'mandatado'" foi parcialmente publicado na *Revue de l'Institut catholique de Paris*, 1988, n.º 2, com o título de "Le sujet convoqué. À l'école des récits de voca-

Sobre esta edição IX

duas conferências à primeira, pronunciada três anos mais tarde? Na realidade, um fio não explícito, mas claríssimo à leitura, corre entre "Amor e justiça", que vem a lume em 1990 na Alemanha, as *Gifford Lectures* e *Soi-même comme un autre**, publicado pelas Éditions du Seuil também em 1990. Cartas trocadas entre Paul Ricoeur e François Wahl, seu editor na Seuil, atesta esses laços. Mas temos também indicações do próprio Paul Ricoeur, numa nota do seu estudo "Expérience et langage dans le discours religieux"[2]. Como elas dizem respeito à articulação entre os diversos textos e, ao mesmo tempo, à orientação do pensamento que lhes é comum, citamos a nota integralmente: "Gostaria de dizer algumas palavras acerca da articulação entre os dois textos das *Gifford Lectures* e *Soi-même comme un autre*. A articulação se daria no nível do que chamo de ontologia do agir. A instauração de um si pela mediação das Escrituras e a aplicação a si mesmo das múltiplas figuras da nomeação de Deus se dá no nível da nossa capacidade mais fundamental de agir. É o *homo capax*, o homem capaz, que é interpelado e restaurado. Creio encontrar assim a intui-

---

tion prophétique". Publicamos aqui o texto completo com o título original.

* Trad. bras.: *O si mesmo como um outro*, Luci Moreira Cesar, Campinas, Papirus, 1991.

2. Republicado em *Paul Ricoeur, L'herméneutique à l'école de la phénoménologie*, org. por Jean Greisch, Paris, Beauchesne, 1995.

ção central de Kant em *La Religion dans les limites de la simple raison* [A religião nos limites da simples razão], pelo menos tal como a reconstituo no meu ensaio integrado ao livro de homenagens ao padre Geffré[3]. A tarefa da religião, segundo Kant, é restaurar no sujeito moral sua capacidade de agir de acordo com o dever. A regeneração de que se trata nessa filosofia da religião se dá no nível da disposição fundamental, no nível do que chamo aqui de o si capaz. Ora, essa restauração, essa regeneração, esse renascimento do si capaz está em estreita relação com a economia da doação que celebro no estudo 'Amor e justiça'. O amor, digo nessa conferência, é o guardião da justiça, na medida em que a justiça da reciprocidade e da equivalência está sempre ameaçada de sempre recair, a despeito de si mesma, no nível do cálculo interessado, do *do ut des* ('dou para que dês'). O amor protege a justiça contra essa má inclinação proclamando: 'Dou porque já me deste.' É assim que vejo a relação entre a caridade e a justiça como a forma prática da relação entre o teológico e o filosófico. É na mesma perspectiva que proponho, como disse na nota precedente, repensar o teológico-político, a saber, o fim de um certo teológico-político construído unicamente com base na relação ver-

---

[3]. A contribuição de Paul Ricoeur a essa homenagem (*Interpréter. Hommage amical à Claude Geffré*, Paris, Éditions du Cerf, 1992) é retomada nas *Lectures 3*, Paris, Seuil, "Points essais", 2006, pp. 19-40, com o título de "Une herméneutique philosophique de la religion: Kant".

tical dominação/subordinação. Uma teologia política orientada de outro modo deveria, a meu ver, deixar de se constituir como teologia da dominação para se instituir em justificação do querer viver juntos em instituições justas.

Esse estudo provém da penúltima conferência pronunciada no âmbito das *Gifford Lectures*. Ele foi seguido pelo estudo publicado na *Revue de l'Institut Catholique de Paris* [...] [cf. nota precedente]. Essas duas conferências foram destacadas do conjunto, cujo resgate levou à minha última obra, *Soi-même comme un autre*. Gostaria de, num futuro próximo, agrupar esses dois estudos num conjunto em que seria retomado, depois deles, o texto publicado em Tübingen com o título de *Liebe und Gerechtigkeit* (*Amor e justiça*). O conjunto teria como conclusão uma reflexão sobre o teológico-político, em confrontação com a problemática do 'desencanto do mundo.'"[4]

---

4. "Expérience et langage dans le discours", publicado em *L'herméneutique à l'épreuve de la théologie, op. cit.*, p. 179. Numa nota no início do texto de Paul Ricoeur, o editor do livro, Jean Greisch, ressalta que "a conferência de Paul Ricoeur, cujo texto se lerá aqui, se prende a um contexto mais vasto que foi objeto das *Gifford Lectures*. Nessas grandes aulas, o autor se empenha em desenvolver sistematicamente todas as implicações da teoria do sujeito esboçada no 'posfácio' de *Temps et Récit 3*. O conjunto dessa pesquisa será retomado em *Soi-même comme un autre* (1990). A leitura poderá remeter a essa obra para prolongar a reflexão de que esta conferência é apenas uma etapa."

Levando-se em conta a ausência dessa reflexão sobre o teológico-político, pareceu-nos mais judicioso fazer as duas *Gifford Lectures* serem precedidas pela conferência "Amor e justiça". (N. do E. fr.)

A publicação de "Amor e justiça" e das duas últimas *Gifford Lectures* vem satisfazer a um desejo não realizado do próprio Paul Ricoeur, infelizmente sem a reflexão anunciada sobre o teológico-político. Sob muitos aspectos, "Amor e justiça" constitui, assim, com as duas *Gifford Lectures*, um marco essencial de uma das linhas principais do pensamento do filósofo: unir o texto e a ação[5].

---

5. Agradeço em particular a Catherine Goldenstein pelos textos do Fonds Ricoeur que ela pôs à minha disposição e as numerosas informações que me forneceu sobre os originais e as circunstâncias dos textos que compõem este livro, assim como sobre os laços com que são tecidos. J.-L. S.

I

AMOR E JUSTIÇA

Falar do amor é fácil demais ou difícil demais. Como não cair na exaltação ou nas platitudes emocionais? Uma maneira de abrir caminho entre esses dois extremos é tomar como guia um pensamento que medite a dialética entre amor e justiça. Por dialética entendo aqui, de um lado, o reconhecimento da desproporção inicial entre os dois termos e, de outro, a busca das mediações práticas entre os dois extremos – mediações, digamos desde já, sempre frágeis e provisórias.

A riqueza de pensamento prometida por essa abordagem dialética me parece mascarada por um método de análise conceitual que se empenharia em extrair, de uma seleção de textos de moralistas ou de teólogos que falam do amor, os temas mais sistematicamente recorrentes. É a abordagem de muitos dos nossos colegas, filósofos ou teólogos formados pela disciplina da filosofia analítica. Para esta conferência, selecionei apenas a notável obra de Gene Outka, *Agape*, cujo subtítulo indica sua orientação: *An Ethical Analysis*. Para esse autor, trata-se de isolar os "conteúdos normativos básicos" que "se disse que o amor cristão ou *agapé* tem independentemente das circunstâncias". Seguindo que método? A resposta sugerida é a que minha abordagem pretende questionar: "Uma tal pesquisa é formalmente similar às que os filósofos realizaram em suas discussões, por exemplo do utilitarismo, como modelos (*standards*) normativos últimos, como critérios ou princípios para juízos de valor e obrigações." De fato, a questão toda é esta: o amor tem, em nosso discurso ético, um estatuto normativo comparável ao do utilitarismo ou mesmo ao do imperativo kantiano?[1]

---

1. Deixo provisoriamente de lado as três características fundamentais que Outka considera mais sistematicamente recorrentes. Longe de desprezá-las, voltarei a elas na parte do meu estudo consagrada às mediações práticas entre amor e justiça ligadas ao exercício do juízo moral em situação. Limito-me a citá-las sem comentário para dar uma ideia do termo último da minha investigação. "Uma consideração igual (*equal regard*), isto é, uma consideração pelo próximo que é fundamentalmente independente e inalterável", "o sacrifício de si, isto é, a característica em virtude da qual o *agapé* não faz concessão ao interesse próprio", enfim "a mutualidade, característica das ações que estabelecem ou exaltam alguma troca entre as partes, desenvolvendo assim um senso de comunidade e talvez de amizade." Não se pode reprochar a Outka não ter percebido as incoerências conceituais que essa espécie de tipologia põe a nu. Cada característica é construída à custa de variações, de divergências e de confusões que o autor não para de deplorar ao longo da sua obra; mais ainda, a

I

Gostaria de colocar a primeira parte do meu estudo, dedicada à *desproporção* entre amor e justiça, sob o signo de uma citação de Pascal: "Todos os corpos juntos e todos os espíritos juntos, e todas as suas produções não equivalem ao menor movimento de caridade. Isso é de uma ordem infinitamente mais elevada. – De todos os corpos juntos não se pode fazer resultar um pequeno pensamento: é impossível, e de outra ordem. De todos os corpos e espíritos, não se pode extrair um movimento de verdadeira caridade, é impossível, e de outra ordem, sobrenatural."[2] Não oculto que o juízo abrupto de Pascal tornará mais difícil, posteriormente, a busca das mediações requerida pelo juízo moral em situação, provocado pela questão: que devo fazer aqui e agora? Voltaremos a encontrar essa dificuldade mais adiante. Por ora, a questão é a seguinte: se cedemos o passo à desproporção, como não recair num ou noutro dos perigos evocados no início: a exaltação ou a platitude – em outras palavras, a sentimentalidade que não pensa?

---

terceira característica, que lhe parece ser a mais decisiva, é fortemente discordante da segunda. Essas decepções encontradas no caminho de uma análise ética fadada ao "conteúdo normativo básico" são, a meu ver, o indício de que esse método direto é inapropriado e que é preciso partir, ao contrário, do que no *tópos* do amor resiste a esse tratamento do amor como "modelo normativo último, critério ou princípio de valor e de obrigação", conforme as expressões citadas acima.

2. *Pensées*, ed. Brunschvicg, seção 12.

Pareceu-me que se oferecia um caminho que consistia em recensear as formas de discurso, às vezes muito elaboradas, que resistem ao nivelamento a que o tipo de análise conceitual dos analíticos condena. Porque o amor fala, mas numa língua diferente daquela da justiça, como direi no fim desta primeira parte.

Considerei três características marcantes do que chamarei estranheza ou bizarrice (*the oddities*) do discurso do amor.

Considerei primeiro o vínculo entre amor e *louvor*. O discurso do amor é, antes de tudo, um discurso de louvor. No louvor, o homem se rejubila ao ver seu objeto reinando acima de todos os outros objetos de seu cuidado. Nessa fórmula abreviada, as três componentes – rejubilar-se, ver, situar no nível mais elevado – são igualmente importantes. Avaliar como sendo o mais elevado, mais numa espécie de visão do que de vontade, é algo que enche de alegria. Dizendo isso, caímos na análise conceitual ou recaímos no sentimentalismo? De forma alguma, se estivermos atentos às características originais do louvor, para as quais certas formas verbais tão admiráveis como o *hino* são particularmente apropriadas. Assim, a glorificação do amor por Paulo, em 1 Coríntios 13, é aparentada aos "cantos de louvor", conforme o título dos Salmos em hebraico, "tehillim". Ao hino conviria aproximar o discurso da bênção: "Bem-aventurado o homem que não anda segundo o conselho dos ímpios...

Amor e justiça

Pois será como a árvore plantada junto às correntes de águas..." (Salmo 1, 1, 3). E também: "Senhor dos Exércitos, bem-aventurado o homem que em ti põe a sua confiança" (Salmo 84, 13).

Reconhece-se aí a forma literária dos macarismos, familiar aos leitores das beatitudes: "Bem-aventurados os pobres de espírito, porque deles é o reino dos céus" (Mateus 5, 3). Hino, bênção, macarismos, temos aí todo um feixe de expressões literárias que podemos agrupar em torno do louvor. Por sua vez, o louvor é do domínio mais geral, bem delimitado, da poesia bíblica, cujo funcionamento discordante em relação às regras de um discurso que buscaria a univocidade no nível dos princípios é recordado por Robert Alter em *The Art of Biblical Poetry*: na poesia, as palavras-chave passam por amplificações de sentido, assimilações inesperadas, interconexões inéditas[3].

---

3. A título de exemplo seria necessário fazer uma análise detalhada das estratégias retóricas utilizadas sucessivamente em 1 Coríntios 13. Assim, a primeira parte exalta a elevação do amor por uma espécie de hipérbole negativa, pronunciando a aniquilação de tudo o que não é o amor: "Ainda que eu falasse as línguas dos homens e dos anjos, e não tivesse amor, seria como o metal que soa ou como o címbalo que retine"; e cinco ou seis vezes retorna a fórmula "ainda que... e não tivesse amor... nada seria". A segunda parte desenvolve a visão da elevação no modo indicativo, como se tudo já estivesse consumado: "O amor é sofredor, é benigno; o amor não é invejoso; o amor não se vangloria, não se ensoberbece. Não se porta inconveniente-

Essa é a primeira resistência que o amor opõe à "análise ética", no sentido forte da análise, isto é, o esclarecimento conceitual.

A segunda estranheza do discurso do amor concerne ao emprego perturbador da forma *imperativa* em expressões conhecidas como "amarás o Senhor teu Deus... e amarás o próximo como a ti mesmo". Se considerarmos o imperativo no sentido usual de obrigação, tão fortemente argumentado pela moral kantiana, é um certo escândalo impor o amor, isto é, um sentimento[4].

---

mente, não busca os seus próprios interesses, não se irrita, não suspeita mal; não se regozija com a injustiça, mas se regozija com a verdade; tudo sofre, tudo crê, tudo espera, tudo suporta." Note-se o jogo de alternância entre a asserção e a negação e o jogo de sinonímia que aparenta virtudes distintas, contrariando portanto nosso cuidado legítimo de isolar significados. Enfim, na terceira parte, prevalece um movimento de transcendência além de todo e qualquer limite: "O amor jamais acaba; mas, havendo profecias, serão aniquiladas; havendo línguas, cessarão; havendo ciência, desaparecerá...", e a última passagem ao limite: "Agora, pois, permanecem a fé, a esperança e o amor, estes três, mas o maior destes é o amor." [Ao contrário da versão brasileira de João Ferreira de Almeida, a versão francesa citada pelo A. traz, em vez de "amor", "caridade", que é a virtude graças à qual se ascende ao amor a Deus e ao próximo. (N. do T.)]

4. Kant afasta a dificuldade distinguindo o amor "prático", que nada mais é que o respeito às pessoas como fins em si, do amor "patológico", que não tem lugar na esfera da moralidade. Freud se indigna mais francamente: se o tal amor espiritual não passa de um amor erótico sublimado, o mandamento de amar não pode ser mais que uma expressão da tirania do superego sobre a esfera dos afetos.

Amor e justiça

Nesse ponto da nossa reflexão, a dificuldade não diz respeito ao estatuto do amor no império dos afetos (falarei disso mais adiante), mas sim ao estatuto do mandamento, em se tratando do mandamento de amar. Tem ele, no plano dos atos de discurso, a mesma força ilocutória que, digamos, os mandamentos comuns que apelam para a obediência? E, no plano ético, é comparável aos princípios morais, isto é, a proposições primeiras que governam as máximas subordinadas, como podem ser o princípio utilitarista ou o imperativo kantiano?

Encontrei um socorro inesperado em *L'Étoile de la Rédemption* [A estrela da redenção] de Franz Rosenzweig[5]. Lembremos que essa obra, fora do comum, está dividida em três seções, que correspondem respectivamente à ideia de Criação – ou do eterno *antes* –, à da Revelação – ou do eterno *presente* do encontro –, enfim à de Redenção – ou do eterno *ainda não* da espera messiânica. Abrindo a segunda seção – Revelação –, estamos prontos a ser ensinados acerca da torá. Num sentido, é esse o caso; mas a torá, nessa etapa da meditação de Rosenzweig, ainda não é um conjunto de regras; ou antes, só pode se tornar um, porque é precedida pelo ato solene de abertura do todo da experiência humana à linguagem paradigmática da Escritura. E qual é o símbolo

---

5. Franz Rosenzweig, Paris, Éditions du Seuil, 1982, nova ed. 2007 (trad. fr. de A. Derczanski e J.-L. Schlegel).

mais aproximado dessa imposição da linguagem primordial à esfera humana de comunicação? É o mandamento do amor. Mas, contrariamente à nossa expectativa, sua fórmula não é a do Êxodo, do Levítico ou do Deuteronômio, cuja leitura é feita de acordo com o ritual judaico, nas festas de Páscoa: "O amor é tão forte quanto a morte", diz o Cântico. Por que o Cântico dos Cânticos é evocado nesse ponto? E com que conotação imperativa? No início da seção Revelação, Rosenzweig considera apenas o colóquio íntimo entre Deus e uma alma sozinha, antes de entrar em cena o "terceiro" na seção Redenção[6].

A ideia verdadeiramente genial é então mostrar o mandamento de amar jorrando desse vínculo de amor entre Deus e uma alma solitária. O mandamento que precede toda lei é a palavra que o amante dirige à amada: *ama-me!* Essa distinção inesperada entre mandamento e

---

6. A quem se espantar com ver a referência ao próximo relacionada à terceira categoria, a da Redenção, podemos responder que as três categorias são contemporâneas umas das outras e que a terceira desenvolve a segunda: a dimensão histórica se desenrola, então, além do colóquio solitário. Agora, há leis e não somente o mandamento "ama-me!", ao mesmo tempo que há terceiros. Em outras palavras, o segundo grande mandamento procede do primeiro, na medida em que o futuro sempre iminente de uma história de Redenção, com todas as suas implicações históricas e comunitárias, procede do Hoje do mandamento de amor. Então, já não há apenas um amante e um amado, mas um si e um outro além de si: um próximo.

lei só tem sentido se admitirmos que o mandamento de amar é o próprio amor, que se recomenda a si mesmo, como se o genitivo contido no mandamento de amar fosse ao mesmo tempo genitivo objetivo e genitivo subjetivo; o amor é objeto e sujeito do mandamento; em outras palavras, é um mandamento que contém as condições da sua própria obediência pela ternura da sua instância: ama-me!

A quem pusesse em dúvida a validade da distinção tão sutil em Rosenzweig entre mandamento e lei, eu responderia que é preciso relacionar o uso desviante do imperativo com as formas de discurso evocadas anteriormente – louvor, hino, bênção, macarismo – e assim ousar falar de um uso *poético* do imperativo. Esse uso também tem suas conotações no vasto leque das expressões que se estendem do convite amoroso, passando pela suplicação premente, pelo chamamento, até o mandamento brutal acompanhado da ameaça de punição[7]. É em virtude do parentesco entre o mandamento "ama-me!" e o canto de louvor que o mandamento de amor se revela irredutível, em seu teor ético, ao imperativo moral, legitimamente igualado por Kant à obrigação, ao dever, por referência à recalcitrância das inclinações humanas.

---

7. Existe aí um vasto campo semântico cuja abertura e flexibilidade requerem a sutileza de um segundo Austin! [Alusão a John L. Austin e Gilles Lane, *Quand dire c'est faire*, col. "Points Essais", Paris, Seuil, 1991 – (N.do E. fr.)]

É dessa defasagem entre o que acabo de chamar de uso poético do mandamento e o mandamento, no sentido propriamente moral do termo, que partirá nossa tentativa dialética centrada, na segunda parte, no tema da *economia da doação*.

Mas, antes de enfrentar essa dialética, eu queria acrescentar uma terceira característica a nosso recenseamento das expressões estranhas, bizarras, do amor. São as que têm relação com o amor como sentimento. Até agora repeli essas considerações, para não ceder às sereias da sentimentalidade. É sob o signo da poética do hino e da poética do mandamento que podemos situar essa terceira característica que resumirei com um só termo: o poder da *metaforização* que se prende às expressões do amor. Podemos abordar esse novo tema a partir do precedente: o chamamento premente – ama-me! – que o amante dirige à amada confere ao amor o dinamismo graças ao qual ele se torna capaz de mobilizar uma variedade de afetos que designamos por seus estados terminais: prazer *vs* dor, satisfação *vs* descontentamento, regozijo *vs* padecimento, beatitude *vs* melancolia... O amor não se limita a desenvolver em torno de si toda essa variedade de afetos à maneira de um vasto campo de gravitação, mas cria entre eles uma espiral ascendente e descendente que ele percorre nos dois sentidos.

O que acabamos de descrever em termos psicológicos de dinamismo tem sua contrapartida linguística na produção de um vasto campo de *analogias* entre todas as modalidades afetivas do amor, graças ao que elas podem se significar mutuamente. Esse jogo de analogias entre afetos não exclui suas diferenças e, em certo sentido, as pressupõe. A esse respeito não se poderia esquecer da contribuição de Max Scheler *Pour une phénoménologie des sentiments de sympathie, d'amour et de haine* [Para uma fenomenologia dos sentimentos de simpatia, de amor e de ódio] (1913)[8]. À imagem de um campo de

---

8. É importante observar que essa obra era destinada a ser a primeira de uma série de volumes consagrados a "die Sinngesetze des emotionalen Lebens": vergonha, honra, medo, reverência, etc., de que só foi publicado um curto estudo sobre a vergonha e sobre o sentimento de vergonha. Sob a influência do conceito husserliano de intencionalidade, Max Scheler se propunha dar à "lógica do coração" de Hermann Lotze o apoio de uma fenomenologia do conteúdo "objetivo" dos atos e funções "emocionais superiores", como instintos das sensações emocionais ordinárias. Relembro três temas que terão certo papel na segunda parte:

(6.1) O amor não é redutível à simpatia, ainda que a simpatia (*Mitgefühl*) não se reduza à fusão emocional, à perda da distância intersubjetiva. A simpatia é reativa, no sentido dado a esse termo por Nietzsche, enquanto o amor é um ato espontâneo. Ele não cega, ele faz ver. Seu olhar penetra através das escamas exteriores que ocultam o si real.

(6.2) O amor tem uma dimensão avaliativa: acerca dessa implicação do "valor" na fenomenologia do amor – implicação desenvolvida em *Der Formalismus in der Ethik und die materiale Wertethik*. Escrito na mesma época (1913-1915), o ensaio sobre a simpatia e o amor deve ser relacionado à teoria dos valores, concebida num sen-

gravitação, de uma espiral ascendente e descendente, corresponde assim no plano da linguagem o que acaba de ser designado acima como processo de metaforização. É

---

tido quase platônico como uma hierarquia de entidades: valores de prazer, valores vitais, valores espirituais ou culturais, valores sagrados, valores de santidade. Ligando assim o amor aos valores e aos portadores de valores, Scheler pode reservar ao amor um campo de aplicação mais vasto do que o eu ou o outro, enquanto a simpatia é necessariamente ligada a um contexto social.

(6.3) O ponto essencial é o seguinte: o amor é um ato positivo, no sentido que é "um movimento que passa de um valor inferior a um valor superior, pelo que o valor superior do objeto ou da pessoa eclode subitamente acima de nós, enquanto o ódio se move na direção oposta". Ou ainda: "O amor é esse movimento intencional graças ao qual, partindo do valor dado de um objeto, seu valor mais alto é visualizado." É desse modo que o amor não é simplesmente uma reação a um valor já experimentado, mas uma exaltação, um realce do valor. Ele cria, enquanto o ódio destrói. O amor aumenta o valor daquilo que ele apreende. O amor ajuda seu objeto a se tornar mais alto do que é em termos de valor. "Ele proporciona a emergência contínua de valores cada vez mais elevados no objeto – exatamente como se ele se irradiasse do objeto de seu acordo sem nenhuma espécie de coação (inclusive de desejo) de parte do amante." A expressão adequada é "exaltação de valores". Esta não exclui que o amor se dirija às coisas tais como são. Porque as coisas têm de se tornar o que elas são. O amor acompanha esse devir. Terminemos com esta citação: "O amor é o movimento em que todo objeto individual concreto que possui valor alcança o valor mais alto compatível com sua natureza e sua vocação ideal, em que atinge nesse valor o estado ideal de valor intrínseco à sua natureza." Corolário importante: "O amor se aplica em geral ao leque inteiro dos objetos no domínio do valor." Esse corolário nos aproxima do nosso problema do vínculo analógico entre afetos distintos.

graças a ele que o amor erótico é tornado capaz de *significar mais* que ele mesmo e visar indiretamente outras qualidades que não o amor. Foi essa analogia entre afetos e o processo metafórico que o exprime que Nygren subestimou, seguido por todos os que construíram em cima da dicotomia entre *éros* e *agapé*[9]. A analogia no plano dos afetos e a metaforização no plano das expressões linguísticas são um só e mesmo fenômeno. Isso implica que a metáfora seja aqui mais que um tropo, quero dizer, um ornamento retórico. Ou, se preferirem, o tropo exprime o que poderíamos chamar de tropologia substantiva do amor, isto é, ao mesmo tempo a analogia entre afetos e o poder do *éros* significar e dizer a *agapé*.

---

9. Cumpre notar que a oposição entre *éros/agapé* não tem nenhuma base exegética. Se a palavra *éros* é sistematicamente evitada na *Setenta*, é por motivos que não têm nada a ver com a oposição entre o que chamamos de amor erótico e amor espiritual; inversamente, a palavra *agapé* é regularmente empregada para designar todos os tipos de amor. É ela que se impõe no Cântico dos Cânticos. Mesmo que o redator do Cântico dos Cânticos não tenha tido outra intenção senão escrever um poema à glória do amor sexual, basta que esse texto tenha sido interpretado por gerações de leitores, em particular pelos grandes místicos, como uma alegoria do amor espiritual. Essa leitura faz do Cântico dos Cânticos o paradigma da metaforização do amor erótico. Aqui é o lugar para recordar que o significado de um texto é solidário da história inteira da sua recepção. [Paul Ricoeur alude à célebre obra de Anders Nygren, *Êros et Agapê*, Paris, Aubier-Montaigne, 1962 (N. do E. fr.)]

II

Salientarei agora, na minha segunda parte, as características do discurso da justiça que se opõem mais claramente às do discurso do amor. Considerarei sucessivamente a justiça no nível da prática social, em que ela se identifica com o *aparelho judiciário* de uma sociedade e caracteriza um Estado de direito, depois no nível dos *princípios de justiça* que regem nosso emprego do predicado "justo" aplicado a instituições. Abordando a justiça como prática social, lembrarei sumariamente o que são as circunstâncias ou ocasiões da justiça, seus canais, enfim seus argumentos. Quanto às circunstâncias da justiça, entendida como prática judiciária, lembramos que esta última é uma parte da atividade comunicacional: temos a ver com a justiça quando é pedido a uma instância superior que decida entre reivindicações (*claims*) de partes portadoras de interesses ou direitos opostos; quanto aos canais da justiça, trata-se do próprio aparelho judiciário que compreende várias coisas: um corpo de leis escritas, tribunais ou cortes de justiça, investidos da função de dizer o direito, juízes, isto é, indivíduos como nós, tidos como independentes e encarregados de pronunciar a sentença justa numa circunstância particular; ao que não se deve esquecer de acrescentar o monopólio da coerção, a saber, o poder de impor uma decisão de justiça com o emprego da força pública. Como se vê, nem as circunstâncias da justiça nem seus canais são os do amor. Menos ainda os argumentos da justiça são os do amor. Para dizer a verdade, o amor não argumenta, se tomarmos como modelo o hino de 1 Coríntios 13. A justiça argumenta, e de uma forma muito particular, confrontando razões pró ou contra, supostamente plausíveis, comunicáveis, dignas de serem discutidas pela outra parte. Dizer, como sugeri acima, que a justiça é uma parte da atividade comunicacional adquire aqui todo o seu sentido: o confronto entre argumentos diante de um tribunal é um exemplo notável de emprego dialógico da linguagem. Essa prática da comunicação tem até a sua ética: *audi alteram partem*[10]. Uma característica da estrutura argumentativa da justiça não deve ser perdida de vista na perspectiva da comparação entre justiça e amor: o assalto de argumentos é, em certo sentido, infinito, na medida em que sempre há um "mas...", por exemplo, recursos e apelações a instâncias superiores; em outro sentido, finito, na medida em que o conflito de argumentos termina numa decisão. Assim, o exercício da justiça não é simplesmente um caso de argumentos, mas de tomada

---

10. No caso da lei criminal e da decisão de um julgamento que o acusado não aceita, a punição continua sendo no entanto uma forma de linguagem comunicada. Como diz um autor: "a punição traduz a desestima da sociedade pelo sistema de valor do indivíduo recalcitrante" (J. R. Lucas, *On Justice*, Oxford, Oxford University Press, 1980, p. 234).

de decisão. É essa a pesada responsabilidade do juiz, último elo da corrente de procedimentos, em qualquer grau que for. Quando esta última palavra do juiz é uma palavra de condenação, o juiz nos lembra que ele é portador não só da balança mas também da espada.

Consideradas em conjunto, todas essas características da prática judiciária permitem definir uma primeira vez o *formalismo* da justiça, não como um defeito, mas ao contrário como uma marca de força.

Eu não queria facilitar minha tarefa reduzindo a justiça ao aparelho judiciário que dela faz uma parte da prática social. Devemos levar em conta, além disso, a ideia ou o ideal da justiça, cuja fronteira com o amor é menos fácil de traçar. No entanto, mesmo considerada nesse nível, de certo modo reflexivo, da prática social, a justiça se opõe ao amor por características bem marcantes que vão nos levar ao limiar da nossa segunda parte, consagrada à dialética do amor e da justiça.

Essas características distintivas resultam da identificação quase completa da justiça com a justiça distributiva. É o caso, desde Aristóteles na *Ética nicomaqueia* até John Rawls em *Uma teoria da justiça*[11]. É sobre o sentido dessa identificação que temos de refletir agora. Ela su-

---

11. *Théorie de la justice*, Paris, Éditions du Seuil, 1990, e "Points Essais", 1997. [Trad. bras., São Paulo, Martins Fontes, 3ª ed., 2008.]

põe que se dê à ideia de distribuição uma amplitude que vai além do domínio da economia. É a sociedade inteira, vista do prisma da justiça, que aparece como uma repartição de papéis, tarefas, direitos e deveres, vantagens e desvantagens, benefícios e encargos. A força dessa representação da sociedade como um sistema de distribuição está em que ela evita o duplo escolho: do holismo, que faz da sociedade uma entidade distinta dos membros que a compõem, e do individualismo, que faz da sociedade uma soma de indivíduos e de suas interações. Numa concepção distributiva, a sociedade não existe sem os indivíduos entre os quais as *partes* são distribuídas e que, assim, *participam* do conjunto. Mas os indivíduos não teriam tampouco existência social sem a regra da distribuição que lhes confere um lugar no conjunto. É aqui que intervém a justiça como virtude das instituições que presidem a todas as operações de partilha. Dar a cada um o que lhe cabe – *suum cuique tribuere* –, é essa, numa situação qualquer de distribuição, a fórmula mais geral da justiça. Agora, em que é isso uma virtude? Com essa pergunta está posta a questão do predicado "justo" em todo o nosso discurso moral. Ora, desde Aristóteles, os moralistas procuram a resposta no vínculo que une o *justo* ao *igual*. Já no plano judicial, essa equação é fácil de justificar: tratar de modo semelhante os casos semelhantes é o princípio mesmo da igualdade de todos diante da lei.

Mas, e as distribuições notoriamente desiguais em matéria de rendimentos e de propriedades, de autoridade e de responsabilidade, de honrarias, enfim? Aristóteles foi o primeiro a se confrontar com essa dificuldade, distinguindo a igualdade proporcional da igualdade aritmética. Uma partilha é justa se for proporcional à contribuição social das partes. Na outra ponta da história do problema, encontramos a mesma tentativa em John Rawls para salvar a equação entre justiça e igualdade nas divisões desiguais, pedindo que o aumento da vantagem do mais favorecido seja compensado pela diminuição da desvantagem do mais desfavorecido. É esse o segundo princípio de justiça, segundo Rawls, que completa o princípio de igualdade perante a lei[12]. Maximizar a parte mínima: é essa a versão moderna do conceito de justiça proporcional recebido de Aristóteles. Com ela, caracterizamos uma segunda vez o *formalismo* legítimo da justiça, não mais apenas como prática judiciária, mas como ideal de uma partilha equitativa de direitos e benefícios a favor de cada um.

---

12. Deixo inteiramente de lado o marco do argumento de Rawls, a saber, sua versão da tradição contratualista, sua fábula do véu de ignorância numa sociedade original definida como *fair*, porque nela todos os contratantes são rigorosamente iguais. O essencial, para o prosseguimento da discussão é a extensão do predicado *fair* da situação original efetivamente igualitária à distribuição julgada menos desigual ao fim do complicado cálculo construído por Rawls e conhecido pelo nome de argumento do *maximin*: maximizar a parte mínima.

O que resulta daí para nosso problema? Detenhamo-nos nos dois conceitos, de distribuição e de igualdade, que são os pilares da ideia de justiça. O conceito de distribuição, considerado em sua extensão máxima, confere uma base moral à prática social da justiça, tal como a caracterizamos acima, como regulação dos conflitos; nela, de fato, a sociedade é vista como um lugar de confronto entre parceiros rivais; a ideia de justiça distributiva abarca todas as operações do aparelho judiciário, dando a elas a finalidade de manter as pretensões de cada um em limites tais que a liberdade de um não comprometa a do outro. Quanto à igualdade, igualdade aritmética de direitos, igualdade proporcional de vantagens e de encargos numa partilha ideal, ela assinala ao mesmo tempo a força e os limites da ideia mais elevada de justiça. De fato, a igualdade de direitos, completada pela igualdade de oportunidades, é certamente uma fonte de coesão social; Rawls espera de seus princípios de justiça que eles fortaleçam a cooperação social. Mas que tipo de vínculo é instituído assim entre os parceiros sociais? Minha sugestão aqui é que o ponto mais elevado que o ideal de justiça pode visar é o de uma sociedade em que o sentimento de dependência mútua – ou mesmo de endividamento mútuo – permanece subordinado ao de desinteresse mútuo. Note-se a esse respeito a fórmula notável de Rawls, de *interesse desinteressado*, pela qual ele caracteriza a atitude básica dos contratantes na situação hipotética do contrato original. A ideia de mutualidade certamente não está ausente dessa fórmula, mas a justaposição dos interesses impede que a ideia de justiça se eleve ao nível de um reconhecimento verdadeiro e de uma solidariedade tal que cada um se sinta *devedor* de cada um. Mostraremos na última parte deste ensaio que essas ideias de reconhecimento, de solidariedade, de endividamento mútuo podem ser percebidas apenas como um ponto de equilíbrio instável no horizonte da dialética do amor e da justiça.

III

Na última parte da minha conferência eu me propus a fazer uma ponte entre a poética do amor e a prosa da justiça, entre o hino e a regra formal. Esse confronto não pode ser evitado, na medida em que ambas elevam uma pretensão acerca da práxis individual ou social. No hino, a relação com a práxis não era considerada: o amor era simplesmente louvado por si mesmo, por sua elevação e sua beleza moral. Na regra de justiça, nenhuma referência explícita era feita ao amor, que era remetido ao domínio dos móveis. No entanto, é à ação que amor e justiça se dirigem, cada um a seu modo, é a ação que ambos reivindicam. A dialética deve agora se seguir ao exame separado dos títulos do amor e da justiça.

Pareceu-me que entre a confusão e a dicotomia pura e simples, havia a explorar uma terceira via, difícil, em que a tensão mantida entre as duas reivindicações distintas e às vezes opostas poderia ser uma ocasião para a invenção dos comportamentos responsáveis. Onde encontrar o paradigma dessa tensão viva? Pareceu-me que ele podia ser buscado no fragmento do Sermão da Montanha em Mateus e do Sermão da Planície em Lucas, onde, num só e mesmo contexto, o novo mandamento, o de amar os inimigos, e a Regra de Ouro estão justapostos. É em Lucas 6 que os dois componentes são enunciados com a maior proximidade textual: "Mas a vós que ouvis, digo: Amai a vossos inimigos, fazei bem aos que vos odeiam, bendizei aos que vos maldizem, e orai pelos que vos caluniam" (Lucas 6, 27-28). E um pouco mais adiante: "Assim como quereis que os homens vos façam, do mesmo modo lhes fazei vós também" (*id.* 6, 31). Antes de explicar essa estranha contiguidade, formulemos duas perguntas prévias: como, por um lado, o mandamento de amar seus inimigos se liga ao hino do amor? De que maneira, por outro lado, a Regra de Ouro anuncia a regra de justiça?

A primeira questão equivale a se perguntar como a qualidade poética do hino se converte em obrigação. O que dissemos acima do mandamento "ama-me!" em Rosenzweig nos coloca no caminho da resposta. O mandamento de amar os inimigos não se basta: ele é a expressão *supraética* de uma vasta *economia da doação*, que tem outros modos de expressão que não essa reivindicação do homem pela ação. A economia da doação se estende além do domínio da ética. Todo um leque de significações confere uma articulação específica a essa economia da doação. Numa extremidade desse leque encontramos o simbolismo da criação, ele próprio muito complexo, no sentido mais fundamental de doação originária da existência. Pertence a esse simbolismo o primeiro uso do predicado "bom" aplicado em Gênesis 1 à totalidade das coisas criadas: "E viu Deus tudo quanto fizera, e eis que era muito bom" (1, 31). Cumpre salientar que é como criatura que o homem é interpelado: o sentido de uma dependência radical, na medida em que se prende ao simbolismo da criação, não deixa o homem cara a cara com Deus, mas o situa no meio de uma natureza considerada ela mesma, não como uma pedreira a explorar, mas como um objeto de solicitude, de respeito e de admiração, como se ouve cantar no *Canto del Sole* de são Francisco de Assis. O amor ao próximo, na forma extrema de amor aos inimigos, encontra no sentimento supraético da dependência do homem-criatura seu primeiro vínculo com a economia da doação. É à mesma economia que pertence a relação do homem com a lei e a justificação: essas duas relações constituem o centro do dispositivo da economia da doação. Por um lado, a lei é doação, na medida em que está ligada à história de uma libertação, como lembra Êxodo 20, 2: "Eu sou o Senhor teu Deus, que te tirei da terra do Egito, da casa da servidão." A justificação, por outro lado, também é doação, na medida em que é perdão gratuito. Na outra extremidade do leque dos significados que articulam a economia da doação, encontramos o simbolismo, simétrico ao da criação e não menos complexo dos fins últimos, em que Deus aparece como a fonte de possibilidades *desconhecidas*. Assim, o Deus da esperança e o da criação são o mesmo em ambas as extremidades da economia da doação. Ao mesmo tempo, a relação com a lei e a relação com a salvação têm o sinal de seu respectivo pertencimento a essa economia atribuído pelo fato de estarem situadas "entre" criação e escatologia.

É de sua referência a essa mesma economia da doação que o mandamento "novo" extrai o significado que chamamos de supraético. Por que supraético? Ético em razão da forma imperativa, parente da que consideramos na primeira parte, no mandamento "ama-me!". Mas o mandamento se faz aqui mais determinado na medida em que encontra uma estrutura da práxis, a distinção entre amigos e inimigos, cuja nulidade o novo mandamento pronuncia. Ético portanto – e no entanto supraético – é o novo mandamento, na medida em que constitui de certo modo a projeção ética mais aproximada do que transcende a ética, a saber, a economia da doação. É assim proposta uma aproximação ética da economia da doação que poderia se resumir na expressão: *já que* ele te deu, dá por tua vez. De acordo com essa fórmula – e pela força do "já que" – a doação se revela fonte de obrigação.

Mas essa aproximação tem seu paradoxo: ao entrar no campo prático, a economia da doação desenvolve uma *lógica de superabundância* que, num primeiro tempo pelo menos, se opõe polarmente à *lógica de equivalência* que governa a ética cotidiana[13].

Considerando agora o outro polo da oposição, resulta que é da lógica de equivalência, à qual acabamos de opor a lógica de superabundância do "novo" mandamento, que decorre a Regra de Ouro, regra que o Sermão da Montanha e, mais ainda, o Sermão da Planície justapõem numa grande proximidade contextual ao mandamento de amar seus inimigos. O fato de que a Regra de

---

13. Essa lógica de superabundância encontra no Novo Testamento uma grande variedade de expressões. Ela rege o estilo *extravagante* de muitas parábolas de Jesus, como fica claro nas parábolas ditas de crescimento: uma semente que produz trinta, sessenta, cem grãos; um grão de mostarda que se torna uma árvore em que os pássaros podem se aninhar, etc. Num contexto diferente, Paulo interpreta toda a história da salvação de acordo com a mesma lei da superabundância: "Porque, se pela ofensa de um só, a morte veio a reinar por esse, muito mais os que recebem a abundância da graça, e do dom da justiça, reinarão em vida por um só, Jesus Cristo" (Romanos 5, 17). A extravagância nas parábolas, a hipérbole nas palavras de inversão da sorte, a lógica de superabundância na ética são expressões diversas e variadas da lógica de superabundância.

Ouro pertence a uma lógica de equivalência é marcado pela reciprocidade ou pela reversidade que essa regra instaura entre o que um faz e o que é feito ao outro, entre agir e ser objeto, e por implicação entre o agente e o paciente, os quais, embora insubstituíveis, são proclamados substituíveis. A conciliação entre a lógica de equivalência, ilustrada pela Regra de Ouro, e a lógica de superabundância, encarnada pelo novo mandamento, torna-se quase impossível se, acompanhando certos exegetas como Albrecht Dihle em *Die Goldene Regle*, aproximarmos a Regra de Ouro da lei de talião (*Jus talionis*), que é a expressão mais rudimentar da lógica de equivalência e de seu corolário, a regra de reciprocidade. Essa incompatibilidade entre duas lógicas parece sancionada pela declaração de Jesus que, em Lucas 6, 32-35, se segue curiosamente à retomada da Regra de Ouro: "Se amardes aos que vos amam, que mérito tereis? Pois também os pecadores amam aos que os amam. E, se fizerdes bem aos que vos fazem bem, que mérito tereis? Também os pecadores fazem o mesmo. E, se emprestardes àqueles de quem esperais receber, que mérito tereis? Também os pecadores emprestam aos pecadores, para receberem outro tanto. Amai pois a vossos inimigos, e fazei bem, e emprestai, sem disso nada esperar." A Regra de Ouro não é desacreditada por essas palavras duras?

Essa aparente condenação da Regra de Ouro não pode deixar de nos perturbar, na medida em que a regra de justiça pode ser tida como uma reformulação em termos formais da Regra de Ouro[14]. Essa formalização é visível na justiça considerada como prática social, como atesta o preceito *audi alteram partem*, ou também a regra trate de maneira semelhante os casos semelhantes. A formalização é completa nos princípios de justiça evocados acima seguindo John Rawls. Essa formalização não impede que se reconheça o espírito da Regra de Ouro sob a forma quase algébrica do segundo princípio de justiça de Rawls: maximizar a parte mínima. Com efeito, essa fórmula equivale a igualar as partes tanto quanto permitirem as desigualdades que a eficácia econômica e social impõe. É legítimo portanto estender à prática social da justiça e aos próprios princípios de justiça a desconfiança que atinge a Regra de Ouro em nome da lógica de superabundância subjacente ao mandamento supraético de amar seus inimigos. A regra de justiça, expressão por excelência da lógica de equivalência e de reciprocidade, parece acompanhar o destino da Regra de Ouro posta sob o juízo do novo mandamento.

Mas devemos ficar nessa constatação de incompatibilidade? Voltemos ao nosso paradigma, o Sermão da

---

14. Para dizer a verdade, um certo formalismo aparece na Regra de Ouro: não se diz *o que* se gostaria ou *o que* se odiaria que fosse feito a alguém; no entanto, esse formalismo é imperfeito na medida mesma em que ainda apela para sentimentos, amor e ódio, que Kant classificará como desejo "patológico".

Montanha (ou da Planície). Se a diferença entre as duas lógicas for a que acabamos de dizer, como explicar a presença, no mesmo contexto, do mandamento de amar os inimigos e da Regra de Ouro? Uma outra interpretação é possível, segundo a qual o mandamento de amor não abole a Regra de Ouro, mas a reinterpreta no sentido da generosidade e, assim, faz dela um canal não apenas possível mas necessário de um mandamento que, em razão do seu estatuto supraético, só alcança a esfera ética à custa de comportamentos paradoxais e extremos, os mesmos que são recomendados na esteira do novo mandamento: "Amai a vossos inimigos, fazei bem aos que vos odeiam, bendizei aos que vos maldizem, e orai pelos que vos caluniam. Ao que te ferir numa face, oferece-lhe também a outra; e, ao que te houver tirado a capa, não lhe negues também a túnica. Dá a todo o que te pedir; e, ao que tomar o que é teu, não lho reclames" (Lucas 6, 27-30). São esses compromissos singulares extremos que são Francisco, Gandhi, Martin Luther King assumiram. E, no entanto, que lei penal e, em geral, que regra de justiça poderiam ser extraídas de uma máxima de ação que erigiria a não equivalência em regra geral? Que distribuição de tarefas, de papéis, de vantagens e de encargos poderia ser instituída no espírito da justiça distributiva, se a máxima de emprestar sem nada esperar em troca fosse erigida em regra universal? Se o supramoral não deve descambar para o não moral, quando não para o imoral

– por exemplo, para a covardia –, ele tem de passar pelo princípio da moralidade, resumido na Regra de Ouro e formalizado pela regra de justiça.

Mas a recíproca não é menos verdadeira: nessa relação de tensão viva entre a lógica de superabundância e a lógica de equivalência, esta última recebe do seu confronto com a primeira a capacidade de se elevar acima das suas interpretações perversas. De fato, sem o corretivo do mandamento de amor, a Regra de Ouro seria incessantemente puxada no sentido de uma máxima utilitária cuja fórmula seria *do ut des*, dou *para que* dês. A regra dá *porque* te deram, corrige o *a fim de que* da máxima utilitária e salva a Regra de Ouro de uma interpretação perversa sempre possível. É nesse sentido que podemos interpretar a presença das duras palavras de Lucas 6, 32-34, logo depois da reafirmação da Regra de Ouro em 6, 31 e logo antes da reafirmação do novo mandamento em 6, 35. Nesses versículos intermediários, a farpa crítica da lógica de superabundância é dirigida, menos contra a lógica de equivalência da Regra de Ouro, do que contra sua interpretação perversa. A mesma regra parece capaz de duas leituras, de duas interpretações, uma interessada, a outra desinteressada. Só o mandamento pode decidir em favor da segunda contra a primeira.

Dito isso, não se pode estender à regra de justiça o mesmo procedimento de teste e de reinterpretação crítica?

Lembremos que evocamos uma primeira vez em nossa segunda parte a ambiguidade dissimulada da regra de justiça. Vimos a regra de justiça oscilar entre o interesse desinteressado de parceiros preocupados com aumentar sua vantagem até o máximo permitido pela regra aceita de partilha e um verdadeiro sentimento de cooperação que vai até a confissão de serem mutuamente devedores. Do mesmo modo que a Regra de Ouro, entregue a si mesma, se rebaixa do nível de máxima utilitária, assim também a regra de justiça, entregue a si mesma, tende a subordinar a cooperação à competição, ou antes, a esperar unicamente do equilíbrio dos interesses rivais o simulacro da cooperação.

Se é essa a tendência espontânea do nosso senso de justiça, não devemos confessar que, se este não fosse tocado e secretamente guardado pela poética do amor, até em sua formulação mais abstrata, se tornaria uma variedade sutilmente sublimada de utilitarismo? O próprio cálculo rawlsiano do *maximin* não correria o risco de aparecer, em última instância, como a forma dissimulada de um cálculo utilitário?[15] O que salva o segundo princí-

---
15. Esse cálculo seria o seguinte: e, se, uma vez erguido o véu da ignorância, a pior parte viesse a me caber, não seria melhor escolher sob o véu da ignorância a regra de partilha que, sem dúvida, me privaria dos ganhos mais elevados que eu poderia esperar de uma partilha menos equitativa, mas que me poria ao abrigo de desvantagens maiores numa outra forma de partilha?

pio de justiça de Rawls dessa recaída no utilitarismo sutil é, finalmente, seu parentesco secreto com o mandamento de amor, na medida em que este é dirigido contra o processo de vitimização que o utilitarismo, precisamente, sanciona ao propor como ideal a maximização da vantagem média da maioria em detrimento de uma minoria a que essa implicação sinistra do utilitarismo deve permanecer dissimulada. Esse parentesco entre o segundo princípio de justiça e o mandamento de amor é, no fim das contas, uma das pressuposições não ditas do famoso *equilíbrio refletido*, em que a teoria rawlsiana da justiça se apoia em última instância, entre a teoria abstrata e nossas "convicções mais bem pensadas" (*our well-considered convictions: Uma teoria da justiça*, § 4).

A tensão que acabamos de discernir, em lugar da antinomia inicial, não equivale à supressão do contraste entre as duas lógicas. Ela faz no entanto da justiça o meio necessário do amor; precisamente por ser supramoral, o amor não entra na esfera prática e ética, a não ser sob a égide da justiça. Como foi dito algumas vezes das parábolas que reorientam desorientando, esse efeito é obtido no plano ético pela conjugação do novo mandamento com a Regra de Ouro, e, de modo mais geral, pela ação sinérgica do amor e da justiça. Desorientar sem reorientar é, em termos kierkegaardianos, suspender a ética. Em certo sentido, o mandamento de amor, na medida em que é supramoral, é uma maneira de suspensão da ética. Esta só é reorientada à custa da retomada e da retificação da regra de justiça, em oposição à sua tendência utilitária.

Permitam-me dizer em conclusão que as fórmulas que lemos nos filósofos analíticos, preocupados como Outka em salientar o "conteúdo normativo" do amor, descrevem figuras do amor que já foram mediatizadas pela justiça, numa cultura marcada pelas heranças judaica, grega e cristã. Encontraríamos assim as três definições consideradas por Outka: *"equal regard"*, *"self-sacrifice"*, *"mutuality"*.

É tarefa da filosofia e da teologia discernir, sob o equilíbrio refletido que se exprime nessas fórmulas de compromisso, a secreta discordância entre a lógica de superabundância e a lógica de equivalência. É também sua tarefa dizer que é somente no juízo moral em situação que esse equilíbrio instável pode ser instaurado e protegido. Podemos então afirmar de boa-fé e com a consciência tranquila que o projeto para exprimir esse equilíbrio na vida cotidiana, no plano individual, jurídico, social e político, é perfeitamente praticável. Diria inclusive que a incorporação tenaz, passo a passo, de um grau suplementar de compaixão e de generosidade em todos os nossos códigos – código penal e código de justiça social – constitui uma tarefa perfeitamente razoável, embora difícil e interminável.

II

O SI NO ESPELHO DAS ESCRITURAS[1]

---
1. Este texto foi extraído das *Gifford Lectures* (leitura IX).

Introdução

As duas últimas conferências formam um todo inseparável. Nela mostro como, por um lado, o si é *instruído* pela tradição religiosa oriunda das Escrituras bíblicas, judaica e cristã, por outro lado com que recursos íntimos o si *responde* a essa instrução que o determina à maneira de um chamamento sem coação. A relação entre chamamento e resposta é, assim, o vínculo forte que mantém esses dois estudos unidos. Além disso, é essa mesma relação que suscita entre essas últimas conferências e as que as precedem um certo hiato que é importante precisar previamente, ainda que, como insistiremos ao fim desses estudos, todas as determinações do si percorridas ao longo das oito conferências precedentes possam ser levadas em conta, por serem ao mesmo tempo intensificadas e transformadas em e por essa recapitulação.

Deixem-me insistir um pouco sobre esse hiato inicial. De fato, faço questão de afastar um erro de interpretação que parece estimular o termo *resposta* introduzido acima. Com efeito, poder-se-ia entender esse termo da seguinte maneira: ser judeu ou cristão seria ter a *resposta* para as *questões* postas pela filosofia e deixadas por ela sem resposta. A filosofia questionaria e a teologia responderia. Ora, não é de modo algum esse sistema que tenho em vista. Primeiro, não coloco a resposta em face da questão, mas do chamamento. Isso altera tudo: uma coisa é responder a uma questão, no sentido de resolver um problema posto; outra, responder a um chamamento, no sentido de corresponder à concepção da existência que ele propõe. Em seguida, esse chamamento não vem da filosofia mas procede da Palavra, recolhida nas Escrituras e transmitida pela tradição e pelas tradições provenientes dessas Escrituras. Enfim, a resposta que tenho em vista não é a da teologia, como discurso mais ou menos sistemático, mas a do si que, de si chamado se torna *si respondente*[2]. Quanto à relação entre filosofia e fé, se ainda quisermos empregar provisoriamente essas categorias, que são elas próprias problemáticas, ela não é determinada pela relação entre questão e resposta, a despeito da sua semelhança aparente com a relação chamamento/resposta, a não ser no interior de um domínio prévio de entendimento, o que é precisamente o objeto da in-

---

2. Adoto aqui a expressão *responsive self*, posta no centro da sua obra por H. Richard Niebuhr, *The Responsive Self*, Nova York, Evanson e Londres, Harper and Row, 1963.

terrogação, se se tratar da relação entre filosofia e fé; em seguida, se admitíssemos a existência de tal domínio prévio de entendimento, logo ficaria claro que a filosofia também é, com frequência, respondente de uma maneira bem diferente da do si crente, a saber, no sentido da resolução dos problemas que ela coloca no plano especulativo que é o dela. Quanto à fé, ela pode se tornar questionante, tanto em relação aos mistérios que ela se recusa a transformar em problemas a resolver como em relação a soluções que a especulação filosófica suscita em seu *hýbris* fundacional e totalizante. Em suma, responder, para o filósofo, é resolver um problema. Responder, em face da palavra das Escrituras, é corresponder às proposições de sentido provenientes do dado bíblico. Resulta daí que a relação entre as duas maneiras de responder se mostra de uma complexidade imensa, que o esquema da questão e da resposta não poderia abarcar.

Para dar, mesmo brevemente, uma ideia dessa relação – o que não é meu objetivo aqui –, eu me limitarei a duas afirmações cuja complementaridade constitui, ela própria, um problema. Por um lado, o chamamento a que a fé responde de múltiplas formas, como diremos da próxima vez, nasce no meio da experiência e da linguagem humana com estruturas próprias, cuja coerência interna num nível simbólico específico procurarei mostrar na presente conferência. Por outro lado, essas estruturas originárias de experiência e de linguagem só se perpetuaram até nossos dias graças a um processo ininterrupto de transmissão e de interpretação que sempre implicou mediações conceituais estranhas às expressões originais da fé de Israel e da Igreja primitiva cristã. Foi para essas mediações conceituais que contribuíram sucessivamente as filosofias helênicas, neoplatônicas, escolásticas, cartesiana e pós-cartesiana, kantiana, hegeliana e pós-hegeliana. Resulta daí que nem o judaísmo nem o cristianismo nunca se deixam pensar sós, mas em relação com o resto da cultura teórica e prática. Não se trata de uma contaminação lamentável, muito menos de uma perversão, mas de um destino incontornável. São essas as duas afirmações que ponho no início desta última fase do nosso percurso – afirmações entre as quais não procuro uma conciliação fácil. Muito pelo contrário, as tensões que resultam dessa relação entre a linguagem específica da fé e as mediações conceituais tomadas de empréstimo à cultura ambiente animaram uma grande parte dos debates internos do pensamento ocidental, quer este assuma, quer rejeite o legado bíblico.

Se, na presente conferência, dou ênfase à especificidade da experiência do homem bíblico e à coerência da sua linguagem no nível simbólico que lhe é próprio, não perco de vista essas mediações culturais e conceituais quase contemporâneas do nascimento dessa experiência e da sua linguagem. Aliás, o reconhecimento do estatuto singular dessa experiência e dessa linguagem é característica da era hermenêutica da própria razão ocidental[3]. Essa restituição exprime, de fato, uma maneira de questionar ao revés – de *Rückfrage* –, para falar como Husserl em busca da *Lebenswelt*, que não tem em absoluto a pretensão de restituir a *imediatidade selvagem* de uma experiência originária e da sua linguagem. O que esse questionamento ao revés traz à luz do dia são interpretações apenas mais primitivas, cujo teor interpretativo é incorporado ao texto mais antigo e que se deixa reconhecer somente no âmbito da autocrítica da razão moderna. A reconstituição das expressões tidas como mais originais da fé bíblica é, nesse sentido, ela própria um fenômeno moderno, que pertence também à história da interpretação. O recurso ao método histórico-crítico, à análise estrutural, à crítica literária e, mais do que tudo, o recurso à teoria do simbolismo tornam manifesto o estatuto moderno dessa reconstrução. É tudo o que direi nesta conferência sobre a *conjunção conflitual* entre o fundo bíblico de experiência e de linguagem e as mediações culturais e filosóficas de que a filosofia nasceu. Se creio poder abstrair essas mediações – com as reservas importantes que acabo de ressaltar – é porque não me interesso aqui pela teologia propriamente dita. Esta consiste num discurso de nível conceitual que tem suas regras próprias e sua maneira própria de incorporar a con-

---

3. Cf. Jean Greisch, *L'Âge herméneutique de la raison*, Paris, Éditions du Cerf, 1985.

ceitualidade filosófica. Eu me interesso pelas expressões de fé bíblica mais primitivas do que as teologias constituídas, do ponto de vista preciso da sua aptidão a estruturar a espécie de si respondente cuja descrição fenomenológica procurarei fazer na última conferência.

Essa opção explica por que darei a ênfase principal à especificidade da experiência bíblica e da linguagem que lhe dá expressão, em vez de às mediações culturais e filosóficas em que essa especificidade tende a desaparecer em discursos de compromisso. Esse *parti pris* explica minha desconfiança pelo esquema questão/resposta aplicado à relação entre fé e filosofia, e mais ainda à recusa de toda atitude apologética, seja ela de estilo glorificante ou de estilo defensivo, vinculado à profissão de fé judaica ou cristã. Porque sei muito bem que o fato de eu pertencer a esse campo *singular* de experiência e de linguagem é antes de mais nada um acaso biológico, geográfico e cultural; mas creio que ele pode ser transformado em destino livremente assumido, que toma o caminho da aposta e do risco. O risco é o de responder positivamente, de uma maneira ou de outra, ao chamamento não coativo proveniente do campo simbólico determinado pelo cânone bíblico, judaico e cristão, de preferência a qualquer outro cânone de textos clássicos[4].

---

4. Cf. David Tracy, *The Analogical Imagination*, Nova York, Crossroad, 1981, primeira parte, cap. III e IV: "The Classic" e "Interpreting the Religious Classic".

A aposta correspondente a esse risco é que o despojamento de si, requerido pelas diferentes figuras do si respondente que descreveremos da próxima vez, será cem vezes compensado por uma superabundância da compreensão de si mesmo e do outro. Mas dessa aposta não quero nem me prevalecer nem me desculpar. Devo, claro, explicá-la (*logon didonai*); mas explicá-la é diferente de justificá-la: é aceitar confrontar sua própria escolha com a escolha outra de seus companheiros de vida e de pensamento, no "combate amoroso" da verdade, para retomar mais uma vez a expressão tão apropriada de Karl Jaspers.

Abordo agora a conclusão da minha penúltima conferência. Ela tem por título "O si no espelho das Escrituras". Para explicar esse título, vou me valer do vocabulário que rege as análises de meu livro *Tempo e narrativa*: designo aí com o termo de configuração a organização interna do tipo de discurso examinado – nesse caso particular, a narrativa – e chamo de *refiguração* o efeito de descoberta e de transformação exercido pelo discurso sobre o ouvinte ou o leitor no processo de recepção do texto. É uma relação semelhante entre configuração e refiguração que considero aqui: o problema que coloco é o de saber como a *configuração* totalmente original das Escrituras bíblicas pode *refigurar o si*, considerado com todas as determinações que nossos estudos anteriores lhe reconheceram. Em meu título, situei essa relação sob a égide de uma metáfora falante da hermenêutica cristã: a metáfora do Livro e do Espelho. *Liber* e *Speculum*. Como o si se conhece contemplando-se no espelho que o livro lhe oferece? Porque um espelho nunca está ali por acaso: ele é oferecido por alguma mão invisível; por sua vez, um livro é uma escrita morta enquanto seus leitores não se tornaram, graças a ele, conforme o dito de Proust em *O tempo redescoberto*, leitores de si mesmos.

Direi hoje que dinamismo interno conduz o Livro – constituído pelo conjunto da Bíblia hebraica e pelo Novo Testamento cristão – a se tornar um espelho para um si que responde à solicitação do Livro.

Procederei em várias etapas. Na primeira, que ainda conserva um caráter prévio, direi em que sentido a fé cristã requer uma mediação *linguageira* em geral e *escriturária* em particular. Numa segunda etapa, eu me apoiarei numa análise puramente literária da Bíblia, neste caso a de Northrop Frye, o grande crítico literário canadense, em *The Great Code*[5] para frisar ao mesmo tempo a originalidade e a coerência interna no plano da imaginação verbal dessas Escrituras que o autor deno-

---

5. *The Great Code. Bible and Literature*, Nova York, Londres, Harcourt Brace Jovanovich, 1981-1982. Trad. fr.: *Le Grand Code. La Bible et la littérature*, prefácio de Tzvetan Todorov, Paris, Éditions du Seuil, 1984.

mina *The Great Code*, acompanhando William Blake. Daí resultará uma primeira abordagem, ainda totalmente externa, totalmente extrínseca, da relação entre o Livro e o Espelho, ou, se aceitarem meu vocabulário, entre configuração e refiguração. Numa terceira etapa, mais marcada ainda pela exegese histórico-crítica, mas ainda assim orientada para a teologia bíblica, gostaria de mostrar como os *theologoumena*, ligados aos diversos gêneros literários da Bíblia, implicam uma resposta humana que é parte integrante do sentido desses motivos teológicos enquanto tais. Enfim, numa quarta etapa, francamente hermenêutica, direi como a dialética entre a manifestação do Nome e a retração do Nome afeta de maneira decisiva a constituição do si, chamado ao mesmo tempo a se reunir e a desaparecer.

1. A mediação linguageira e escriturária da fé bíblica

Vocês devem ter notado que, em minhas observações introdutórias, não parei de dizer: a experiência religiosa *e* sua linguagem, pressupondo assim uma união íntima entre uma e outra. É preciso agora justificar a asserção dessa inseparável relação. Por um lado, admito de bom grado que existe algo como uma "experiência religiosa" cujas "variedades" William James havia analisado outrora em suas célebres *Gifford Lectures*. De minha parte, as formulações que me são mais familiares e mais próximas são as seguintes: sentimento de "absoluta dependência" para com uma criação que me precede, "cuidado último" no horizonte de todas as minhas preocupações, "confiança incondicional", que espera apesar de... tudo. São alguns dos sinônimos do que, na época contemporânea, foi chamado de fé. E todas as formulações que dela se podem dar atestam que a fé, como tal, é um ato que não se deixa reduzir a nenhuma palavra, a nenhuma escritura. A esse título, ela marca o limite de toda hermenêutica, porque é a origem de toda interpretação.

Mas o embaraço já evidente que há em *nomear* essa origem da interpretação trai a necessidade de dar uma contrapartida à afirmação de que a fé é mais primitiva do que qualquer palavra. Se a pressuposição de escuta da pregação cristã é que, na fé, nem tudo é linguagem, também é que é sempre numa linguagem que se articula a experiência religiosa, quer a entendamos num sentido cognitivo, prático ou emocional. As formulações, propostas acima, da fé aparentemente mais nua que há já são fenômenos de linguagem ou, como gosta de dizer certa teologia posterior a Karl Barth, dos "acontecimentos de palavra". O que de fato está em jogo em todas essas formulações é a possibilidade de *nomear Deus*. Essa nomeação, por mais problemática que seja, como não vai se tardar a confessar, constitui a estrutura originariamente linguageira da fé que, no entanto, se diz *vivenciada*.

Mas não é tudo: o que especifica a fé *bíblica* entre todas as configurações linguageiras da experiência religiosa é a mediação *escriturária* que serviu de grade de interpretação para a experiência religiosa própria dos membros das comunidades judaicas e cristãs.

Nessas comunidades, nomear Deus passa pelo canal das Escrituras bíblicas. É por elas que a experiência religiosa alcança não somente a expressão, a articulação linguageira, mas também essas configurações específicas de discursos delimitados com mais ou menos precisão pelo cânone bíblico, judaico e depois cristão. Mesmo como experiência religiosa, a fé bíblica é *instruída* – no sentido de formada, esclarecida, educada – na rede dos textos que a pregação reconduz cada vez à palavra viva. Essa pressuposição, não apenas linguageira mas textual da fé bíblica, precede tudo o que poderia ser dito ulteriormente sobre a relação entre o Livro e o Espelho. O si, informado pelas Escrituras, poderá ser, como se dirá, um si respondente porque, de certo modo, os textos precedem a vida. Se posso nomear Deus, por mais imperfeitamente que seja, é porque os textos que pregam a mim já o nomearam. Para utilizar outra linguagem, já evocada acima, direi que a fé bíblica tem seus "clássicos" que a distinguem, na opção cultural, de todos os outros clássicos. E essa diferença é importante para a nossa investigação sobre o si, na medida em que os "clássicos" do judaísmo e do cristianismo diferem num ponto fundamental dos outros clássicos, desde os gregos até os modernos: enquanto estes alcançam seus leitores um a um e sem autoridade outra que não a que estes consentem em lhe conferir, os "clássicos" que enformam a fé judaica e cristã o fazem através da autoridade que exercem sobre as comunidades que se colocam sob a regra – o cânone – desses textos. É assim que esses textos fundam a identidade das comunidades que os recebem e os interpretam. É sobre o fundo dessa identidade que um si respondente pode se destacar, de acordo com as modalidades que apontaremos na última conferência.

2. "A unidade imaginativa" da Bíblia

Entremos agora mais a fundo na configuração dessas Escrituras – configuração que rege seu poder de refiguração. Faremos isso primeiramente acompanhando Northrop Frye em *The Great Code*, usando apenas recursos da crítica literária aplicada à Bíblia considerada como "literatura". Sem ignorar as aquisições do método histórico-crítico, e desprezando as questões de autor, de fontes, de história da redação, de fidelidade à realidade histórica tal como podemos hoje procurar estabelecê-la, nós nos perguntaremos simplesmente como esse texto produz seus significados com base em suas estruturas textuais internas. Se eu me interessei por essa leitura, estranha às principais correntes da exegese, foi porque ela põe o texto ao abrigo da pretensão de qualquer sujeito a reger seu sentido, salientando, por um lado, a estranheza da sua linguagem em relação à que falamos hoje, e, por outro lado, a coerência interna da sua configuração em função de seus próprios critérios de sentido. Essas duas características têm uma virtude extrema de *descentramento* em relação a qualquer empreitada de autoconstituição do ego.

A linguagem bíblica, frisa primeiramente Northrop Frye, é de uma total estranheza em relação à nossa, no sentido que, para alcançá-la, é preciso subir a vertente da linguagem, a qual, de metafórica na época de Homero e dos trágicos gregos, tornou-se argumentativa com as teologias neoplatônicas e, principalmente, com as provas da existência de Deus (dos escolásticos a Hegel), para se tornar demonstrativa com a matemática e as ciências empíricas modernas. Só a poesia ainda possui hoje, no ambiente da nossa linguagem de terceiro tipo, a força da linguagem metafórica do primeiro tipo; esta, com efeito, não diz "isto é desse modo", mas "isto é esse modo". É somente pelo canal da poesia que podemos nos aproximar mais da linguagem querigmática da Bíblia, quando esta proclama, num modo metafórico "O Senhor é meu rochedo, minha fortaleza", "sou o caminho, a verdade e a vida", "isto é meu corpo", etc. O único recurso é chamar essa linguagem de querigmática para dizer que é pelo menos metafórica, pré ou supermetafórica, se assim podemos dizer. Além do mais, essa linguagem é de uma total coerência interna; mas essa coerência é precisamente a de uma linguagem aparentada à linguagem metafórica. Ela resulta primeiro da extrema consistência da *imagética* bíblica que Northrop Frye vê repartida em duas escalas, uma paradisíaca ou apocalíptica (veremos mais à frente, por fim, que os dois adjetivos são tipologicamente equivalentes), a outra demônica. Podemos portanto percorrer de alto a baixo, de baixo a alto, a dupla escala pela qual se repartem as forças celestes, os heróis, os homens, os animais, os vegetais, os minerais. A unidade imaginativa (e não imaginária, notemos) da Bíblia é assegurada de forma muito mais decisiva pelo funcionamento de parte a parte tipológico dos significados bíblicos: Northrop Frye vê na Bíblia uma imensa rede ramificada de correspondências entre tipos e antitipos, para empregar a linguagem de são Paulo – correspondências que fazem se intersignificarem, por exemplo, o êxodo dos hebreus e a ressurreição de Cristo, a lei do Sinai e a lei do Sermão da Montanha, a criação segundo o Gênesis e o prólogo do Evangelho de João, ou mesmo entre as figuras de Josué e Jesus.

No entanto, não é apenas entre o Antigo e o Novo Testamento que a interpretação tipológica circula, mas dentro da própria Bíblia hebraica, que faz que correspondam entre si a série de alianças de Deus com Noé,

Abraão, Moisés, Davi, etc. James Barr diz algo parecido, sem atribuir um papel tão considerável à coerência tipológica, quando nos diz que na Bíblia os acontecimentos, os personagens, as instituições não se sucedem segundo um modo linear, em que o que sucede substituiria simplesmente o que precede, mas se acumulam e se reforçam mutuamente. Entre o processo cumulativo que vale principalmente no plano narrativo e o processo tipológico que caracteriza preferencialmente a linguagem metafórica e a imagética básica da Bíblia, há certamente um grande parentesco. Esse parentesco Northrop Frye encontra partindo precisamente do processo tipológico, na medida em que pode ser estendido na linha sequencial e diacrônica que vai do Gênesis ao Apocalipse; ele vê, assim, a Bíblia se desenrolar como uma sequência de figuras em forma de U, com seus altos e seus baixos, seus cumes e seus abismos, descritos todos eles nos termos da grande metafórica sucessivamente apocalíptica ou demônica, e encadeados de acordo com a regra tipológica que assegura seu caráter cumulativo. Assim, na cadeia dos cumes, ele situa as figuras do Éden, da Terra Prometida, da doação da Lei, de Sião, do Segundo Templo, do Reino proclamado por Jesus, do Messias esperado pelos judeus ou da Segunda Vinda aguardada pelos cristãos. Na cadeia dos abismos, ele situa o Paraíso perdido e Caim, o cativeiro no Egito, os filisteus, Babilônia, a profanação do Segundo Templo, Roma e Nero, etc. A correspondência tipológica é estendida assim numa sequência temporal, sem que seja rompido o laço íntimo de afinidade entre Éden, Terra Prometida, Jerusalém, monte Sião, Reino de Deus, Apocalipse.

Se dei ao *Grande Código* segundo Northrop Frye um lugar tão importante em minha explanação, foi para sublinhar a coerência de um campo simbólico regido por leis puramente internas de organização e de desenvolvimento: o que Northrop Frye caracteriza como a estrutura *centrípeta* que a Bíblia compartilha com todos os grandes textos poéticos. Ora, essa autoconstituição e essa autossuficiência do Grande Código constituem um argumento importante na concepção do si que lhe corresponde. Na medida em que se põe entre parênteses a eventual representação de acontecimentos históricos reais, e com ela o movimento centrífugo e referencial do texto que caracteriza a linguagem argumentativa e, ainda mais, a linguagem demonstrativa, que em nossa cultura encobriram e recalcaram a linguagem metafórica, a única relação importante com a realidade, num texto poético, não é nem a natureza, como num livro de cosmologia, nem o desenrolar efetivo dos acontecimentos, como num livro de história[6], mas o poder de suscitar no

---

6. A esse respeito, creio que Northrop Frye tem razão de frisar que os próprios Evangelhos se preocupam mais com a correspondência entre os acontecimentos que relatam e esta ou aquela profecia

ouvinte e no leitor o desejo de compreender a si mesmo à luz do Grande Código. Precisamente porque o texto não visa nenhum exterior, ele só tem a nós mesmos como exterior, nós mesmos que, recebendo o texto, nos assimilamos a ele e fazemos do Livro um Espelho. Nesse momento, a linguagem, poética *em si*, se torna querigma *para nós*[7].

3. A Bíblia, um texto polifônico

Na terceira fase da nossa investigação, eu gostaria, não de opor, mas de acrescentar com uma acentuada intenção corretiva outra visão do texto bíblico que tem consequências não desprezíveis para a passagem da configuração interna do texto a seu efeito de refiguração sobre o si. Essa visão do texto ainda é próxima da análise

---

do Antigo Testamento do que com abrir caminho para uma verificação qualquer desses acontecimentos por meio de métodos externos ao texto: a esse respeito, os escritores parecem ter envidado um cuidado particular em bloquear os desenlaces referenciais do texto, a ponto de selar no interior do texto o testemunho prestado à pessoa de Cristo (*op. cit.*, p. 42).

7. "*Kerigma* is a mode of rhetoric, though it is rhetoric of a special kind. It is, like all rhetoric, a mixture of the metaphorical and 'existential' or concerned but unlike practically all other forms of rhetoric. It is not an argument disguised by figuration. It is the vehicle of what is traditionally called revelation, a word I use because it is traditional and I can think of no better one" (*op. cit.*, p. 29).

literária, no sentido de que dá ênfase aos *gêneros* que decorrem da grande poética bíblica: discurso narrativo, discurso prescritivo, discurso profético, discurso sapiencial, discurso hínico, epístolas, parábolas, etc. Essa abordagem difere da precedente em dois pontos importantes. Primeiro, a ênfase principal é dada à *variedade* de gêneros de discurso, e não à unidade imaginativa da Bíblia, como numa leitura tipológica. Sem chegar a uma fragmentação do texto, começamos por respeitar a estrutura triádica do cânone hebraico – Torá, Profetas, Escritos – e insistimos, com James Barr e Claus Westermann, na ausência de centro teológico da Bíblia hebraica, em oposição a uma sistematização tão respeitável quanto a teologia da Aliança e até quanto a da *Heilgeschichte*. Se alguma unidade pode ser reconhecida na Bíblia, é mais de ordem polifônica do que tipológica.

A segunda característica pela qual essa abordagem se diferencia da precedente mostra por que ela não pode lhe ser hostil. De fato, enquanto a unidade tipológica é mantida no nível pré ou hipermetafórico do texto, as articulações por "gênero" são elevadas à categoria de *theologoumena* por uma feliz conjunção da exegese de tipo histórico-crítico e da teologia bíblica. Northrop Frye diria talvez que essa maneira de articular o domínio bíblico trai o estilo metafórico do discurso bíblico. É verdade. Mas, como está dito na introdução, de qualquer modo é do meio da nossa modernidade e da linguagem apropriada a essa modernidade que procuramos recobrar algo da *significância* da literatura bíblica. Essa significância, por mais descentrada que seja em relação aos discursos apropriados à nossa época, continua sendo uma significância para nós, modernos. Ora, a busca de *theologoumena* apropriados ao gênero literário da Bíblia também é deslocada e descentrada em relação às construções teológicas do passado, que impunham à Bíblia nossa maneira de questionar, tanto no plano antropológico e cosmológico quanto no plano teológico. São, claro, *theologoumena* que vamos articular, mas regidos por jogos de linguagem que já não são os nossos, ainda que tenham nomes familiares como narrativo, prescritivo, etc. Esses *theologoumena* não se assemelham portanto às especulações especulativas do discurso teológico com pretensão argumentativa, quando não demonstrativa, tais como: Deus existe, ele é Onipotente, absolutamente Bom; ele é a Causa Primeira e o Fim Último, etc.[8]

O principal benefício dessa nova abordagem para a nossa investigação do si moldado pelas Escrituras é que ela situa a eventual unidade do cânone bíblico além do

---

8. Northrop Frye não seria hostil a essa abordagem: ele é o primeiro a frisar quanto "the Bible however unified, also displays a carelessness about unity, not because it fails to achieve it but because it has passed through it to another perspective, on the other side of it" (*op. cit.*, p. 207).

que acabamos de chamar de sua unidade imaginativa. Essa unidade será no máximo uma unidade polifônica. Essa espécie de polissemia, complementar da unidade tipológica da Bíblia, não deixará de se refletir numa produção igualmente polissêmica das figuras do si respondente. Mas é antes de mais nada no trabalho de nomeação de Deus que essa polifonia dos *theologoumena* vinculados aos diversos gêneros literários se expressa, antes de encontrar eco no plano da resposta do si. A unidade dessa nomeação é a primeira a ser reposta no segredo e no silêncio pela não captura do Nome em nenhum dos gêneros literários considerados um a um.

Numa perspectiva puramente narrativa, Deus é o meta-herói de uma meta-história, que engloba mitos de criação, lendas de patriarcas, uma epopeia de libertação, de errância e de conquista, uma quase historiografia de monarcas e de reinos; de Deus, fala-se aqui na terceira pessoa, no sentido de um superagente (segunda conferência) ou de um superpersonagem (quinta conferência). Essa nomeação narrativa de Deus suscita o que Von Rad chamava de uma "teologia das tradições", que ele opunha globalmente a uma "teologia das profecias". Deus só é designado nela obliquamente, através dos acontecimentos fundadores nos quais a comunidade de interpretação se reconhece enraizada, instaurada, instituída. São esses próprios acontecimentos que nomeiam Deus.

A esse respeito, a nomeação de Deus nos relatos de ressurreição do Novo Testamento está em concordância com a nomeação de Deus nos relatos de livramento* do Antigo Testamento: Deus é aquele que chamou Cristo de entre os mortos. Deus, aqui também, é designado pela transcendência dos acontecimentos fundadores em relação ao curso ordinário da história.

Já nos escritos proféticos, Deus é significado como a voz do outro, por trás da voz do profeta, Deus se apresenta na primeira pessoa como aquele que se dirige ao profeta que fala na primeira pessoa. Voltarei a esse tema na minha última conferência, do ponto de vista da estrutura de envio aqui implicada. Limito-me hoje a frisar outro aspecto da situação, a saber, que Deus é nomeado em dupla primeira pessoa, como palavra de outro na palavra do profeta. É esse modelo que foi de certo modo hipostasiado em numerosas teologias cristãs que identificaram inspiração e revelação, com base no modelo da dupla voz da profecia. Perde-se então uma dialética essencial entre o "ele" narrativo e o "eu" profético. Nessa dialética, opera-se uma troca constante das posições pro-

---

* Assim traduzimos o francês *délivrance*. Na versão da Bíblia de João Ferreira de Almeida, correspondem a essa palavra francesa, além de *livramento*, *vitória*, *redenção* (no Novo Testamento) e, no mais das vezes, *salvação*. Descartamos traduzir *délivrance* por *libertação*, palavra que não é empregada por JFA, por ser aqui utilizada para *libération*, enquanto *salvação* é nossa tradução para *salut*. (N. do T.)

nominais: por um lado, os narradores não hesitam em pôr na boca de Deus palavras tidas como equivalentes a pensamentos; essas "citações" equivalem a palavras proféticas. Inversamente, os profetas se relacionam com os acontecimentos, mas de um modo diferente dos narradores, coletores de tradições; eles estão em contato direto com a iminência dos acontecimentos catastróficos que ameaçam a própria existência da comunidade; mais gravemente, o anúncio desses acontecimentos mina por dentro a falsa segurança engendrada pela recitação do passado. A tensão entre narração e profecia engendra uma inteligência paradoxal da história, como sendo fundada na rememoração e ameaçada pela profecia.

Gostaria de ter mais tempo para evocar outras tensões e dialéticas: entre, de um lado, a instrução da Torá e, de outro, o par formado pela narração e pela profecia, ambas preocupando-se com os acontecimentos passados ou por vir. Notemos apenas que a doação da Lei é, a seu modo, um acontecimento contado, ao passo que a lei, por sua vez, dá a todos os relatos uma coloração ética, na medida em que são relatos de obediência ou de desobediência. Em relação à profecia, a lei é pressuposta pela palavra "juízo"; mas é uma nova lei inscrita nos corações que os profetas do retorno anunciam, pondo assim em tensão uma ética segundo a profecia e uma ética segundo as prescrições tradicionais.

Não direi nada aqui do que os Escritos de sabedoria, e mais ainda os Salmos, trazem a essa multiplicidade de gêneros literários; terei a oportunidade de falar a esse respeito ao tratar da resposta do homem bíblico ao chamamento que emana dos relatos de livramento e de instalação, das profecias de desgraças e de libertação, e das múltiplas legislações situadas sob o nome emblemático de Moisés. Quero ao contrário dar forte ênfase ao caráter polifônico que resulta desse entrecruzamento de gêneros literários múltiplos. Sem contradizê-la, essa característica completa uma espécie de unidade imaginativa, que a tipologia assegura à incrível diversidade dos Escritos, os quais fazem da Bíblia muito mais uma biblioteca do que um poema simples – relativamente simples –, como são a *Ilíada* ou a *Odisseia*, ou mais simplesmente ainda, como a tragédia grega. O que faz dessa unidade fragmentada uma polifonia é a nomeação de Deus que prossegue de texto em texto e circula entre as formas de discurso cujas diferenças de estrutura literária mais visíveis acabamos de evocar.

Deus, cumpre dizer, é nomeado diversamente na narração que o conta, na profecia que fala em seu nome, na prescrição que o designa como fonte de imperativo, na sabedoria que o busca como sentido do sentido, no hino que o evoca na segunda pessoa. É com isso que a palavra Deus não se deixa compreender como um conceito filosófico, nem mesmo como o Ser no sentido da filosofia medieval ou no sentido de Heidegger. A palavra Deus diz mais que a palavra Ser, porque esta pressupõe o contexto inteiro dos relatos, das profecias, das leis, dos escritos de sabedoria, dos Salmos, etc. O que significa então que ela é importante para uma problemática do si? Duas coisas, me parece. Por um lado, o referente Deus é visado pela convergência de todos esses discursos parciais, na medida em que exprime a circulação do sentido entre todas as formas de discurso em que Deus é nomeado. Por outro lado, o referente Deus também é sinal de inacabamento de todos os discursos da fé marcados pela finitude da compreensão humana. Ele é, assim, o alvo comum de todos esses discursos e o ponto de fuga exterior a cada um deles e a todos.

Da primeira perspectiva, à polifonia dos gêneros pode corresponder uma polissemia das figuras do si. Na segunda perspectiva, é uma unidade sempre diferida que corresponde ao Nome inominável.

Sigamos inicialmente a primeira dessas pistas para concluir a presente etapa da nossa investigação centrada na estrutura polifônica da Bíblia, conforme a análise em termos de gênero literário.

A passagem da polifonia dos gêneros literários à polifonia eventual das figuras do si se torna mais fácil se deslocarmos a ênfase dos gêneros literários como tais para os *theologoumena* que podem emanar de uma teologia bíblica, a qual, ao contrário da teologia sistemática ou dogmática, permanece atenta às estruturas internas do texto bíblico. O que, na verdade, caracteriza os *theologoumena* que vamos apresentar é o fato de todos eles implicarem em seu significado íntimo um tipo de *resposta* do homem. Essa inclusive é uma diferença notável em relação à análise literária anterior, em que o fechamento do texto sobre si mesmo impunha um certo extrinsecismo na relação mimética que vai das estruturas internas do texto à disposição do ouvinte para se pôr em conformidade com a sua instrução.

No nível em que nos situamos agora, os *theologoumena* considerados apresentam de início uma estrutura dialogal, na medida em que confrontam cada palavra e ato de Deus com a resposta que reclamam do homem. Essa estrutura dialogal é, no limite, o único fio condutor de unidade numa exegese que rejeita a ideia de um centro teológico (e talvez careça de simpatia pela unidade imaginativa desprendida pela leitura tipológica).

Assim, Claus Westermann em seu livrinho *What Does the Old Testament Say About God?*[9] se empenha em reunir as diversas expressões simbólicas relativas a Deus em torno de quatro temas ou esquemas dominantes, que requerem cada um uma contrapartida humana, não mais exterior ao texto, como há pouco, mas impli-

---

9. Atlanta, Konx Press, 1079.

cada no próprio significado do que é assim dito de Deus. Os quatro temas são os seguintes: Deus que salva, isto é, liberta do perigo externo (foi em cima desse tema que a *Heilgeschichte* se edificou em detrimento dos outros esquemas) – Deus que abençoa, isto é, concede o dom da criação, da fecundidade, da Terra Prometida, o de uma existência cheia de sentido – Deus que pune, isto é, que se declara contra os que transgrediram os mandamentos gerais e as leis específicas da comunidade de Israel – enfim, Deus misericordioso que sofre com sua própria cólera, se arrepende e perdoa.

Cada um desses temas oferece uma estrutura dialogal, como se pode verificar tomando como guia as grandes categorias literárias distinguidas nos parágrafos precedentes. Um dos temas citados predomina, mas cada vez é equilibrado por uma resposta específica do lado humano, quer se trate do indivíduo, do povo eleito ou da humanidade considerada em seu conjunto.

Assim, aos dois grandes relatos centrados no Êxodo, valorizando a figura do Deus que salva, corresponde uma confissão de louvor, como se vê no texto do Deuteronômio 26, 5-11, que Von Rad situava no cerne da *Heilgeschichte* hebraica e que termina com um voto de oferenda em sinal de louvor; além disso, dentro do relato do grande livramento que esse credo do Deuteronômio celebra, diz-se que Deus viu o padecimento do povo e ouviu seus gritos e que a essa queixa ele atendeu com uma

O si no espelho das Escrituras 63

série de atos libertadores. Nos relatos de conquista e de instalação, que seguem cronologicamente os precedentes, e nas prescrições dirigidas a um povo arraigado na terra prometida e recebida, a figura do Deus que abençoa é que predomina; corresponde a ele uma alma que também abençoa, de acordo com o duplo sentido do hebraico *berek* – isto é, agradecer pela generosidade criadora graças à qual ela se sabe remida. No conjunto narrativo constituído pela historiografia deuteronômica, a figura do Deus juiz é que domina; a ela corresponde do lado humano uma atitude global de arrependimento e de penitência: a narração é, por conseguinte, totalmente impregnada de um juízo de condenação, cuja estrutura dialogal, por mais implícita que seja, fica incessantemente presumida. A leitura da história opera aqui à maneira de uma advertência e de um chamamento.

Quanto aos textos pertencentes ao gênero prescritivo, eles são seja mandamentos (isto é, proibições como: não terás outros deuses diante de mim, não matarás), seja leis complexas na forma: se alguém faz algo que é ruim, esta ou aquela punição será aplicada; em ambos os casos, o sentido associado à palavra que instrui (Torá) é inseparável da resposta de obediência ou de desobediência que lhe é dada.

Por sua vez, o juízo de condenação pronunciado pelos profetas é a resposta de Deus a essa recusa de resposta humana que é a apostasia (mesclada desde o início ao relato de salvação, como se vê no episódio do Bezerro de Ouro, e maciçamente denunciada pelos profetas de juízo e desgraça, de Amós e Oseias a Isaías, Ezequiel e Jeremias). Mas essa palavra profética mesma pede resposta, seja por anunciar um juízo, seja por pronunciar uma promessa: resposta de arrependimento ao juízo que condena, resposta de confiança e de esperança voltada para o novo porvir aberto além do desastre pela promessa do perdão e de recriação, resposta que abençoa um Deus que de novo abençoará depois de ter salvado e punido.

A resposta do homem hebraico é, assim, surpreendentemente variada. Os Salmos são, desse ponto de vista, o documento em que se acham recolhidas, levadas à linguagem – à palavra orante – e articuladas segundo formas canônicas, as incontáveis nuances dessa resposta multiforme. O espaço de sentido assim articulado se estende entre os polos da queixa e do louvor. Louvor do homem salvo; louvor do homem perdoado; louvor do homem abençoado por ser criado vivo, desfrutando da existência comum e dos clarões de alegria que interrompem a trama de uma condição geralmente miserável. Queixa do homem em perigo diante do Deus que julga; queixa do homem afligido pelas desgraças que apela ao Deus de livramento e de compaixão. A esse par formado pelo louvor e pela queixa talvez devêssemos acrescentar a memória – o célebre "lembra-te" do Deuteronômio, que é uma réplica a um "esquecimento" em que os profetas dis-

O si no espelho das Escrituras 65

cernem ao mesmo tempo a causa e o efeito da grande apostasia, esse perigo interno mais pérfido do que todos os perigos externos (cativeiro no Egito e até o exílio na Babilônia), a que responde o Deus que salva. O esquecimento de Deus exprime a estrutura dialógica do próprio pecado, o qual é, inclusive no distanciamento, uma experiência com Deus.

4. Expressões-limite

Resta-me, na última etapa da nossa exploração das relações entre o Livro e o Espelho, explicar a segunda perspectiva aberta pela polifonia dos gêneros literários sobre a nomeação de Deus. O referente "Deus", dizíamos, não é apenas o indicador do pertencimento mútuo a formas originárias do discurso da fé, é também o indicador do seu inacabamento.

O que de fato impede transformar num saber a nomeação polifônica de Deus é que Deus é designado ao mesmo tempo como aquele que se comunica e aquele que se reserva. Desse ponto de vista, o episódio da sarça ardente (Êxodo 3, 13-15) adquire um significado insubstituível. A tradição, com justiça, denominou esse episódio de revelação do Nome divino. Ora, esse Nome é precisamente inominável. Enquanto, fora de Israel, conhecer o nome do Deus é ter poder sobre ele, o Nome confiado a

Moisés é aquele que o homem não pode verdadeiramente pronunciar, isto é, manter à mercê da sua linguagem. Moisés perguntou: "[Mas se] eles [os filhos de Israel] me disserem: Qual é o seu nome [o do Deus de vossos pais]? Que lhes direi? E disse Deus a Moisés: Eu sou aquele que sou. Disse mais: Assim dirás aos filhos de Israel: 'Eu sou' me enviou a vós." Desse modo, o apelativo Yaweh – "ele é" – não é um Nome que define, mas que aponta para a gesta do livramento. Com efeito, o texto continua nos seguintes termos: "E Deus disse mais a Moisés: Assim dirás aos filhos de Israel: o Senhor [Yaweh], Deus de vossos pais, o Deus de Abraão, o Deus de Isaac, e o Deus de Jacó, me enviou a vós; este é meu nome eternamente, e este é meu memorial de geração em geração." Portanto, longe de autorizar uma ontologia positiva capaz de coroar a nomeação narrativa e as outras nomeações, a declaração "Eu sou aquele que sou" protege o segredo do para si de Deus; e esse segredo, por sua vez, remete o homem à nomeação narrativa, significada pelos nomes de Abraão, Isaac e Jacó e, de quando em quando, às outras nomeações.

O texto do Êxodo tem ecos no Novo Testamento. Northrop Frye diria que a declaração "Eu sou aquele que sou" é um tipo que recebe seu antitipo numa expressão que os evangelistas relacionam à pregação de Jesus, a saber, a expressão "Reino de Deus". Essa é a expressão-limite de uma realidade que escapa de qualquer descrição.

O reino é significado apenas pela espécie de transgressão linguística que vemos aplicada nas parábolas, em certos provérbios e em certos paradoxos do discurso escatológico. Essa característica indireta da nomeação de Deus é particularmente notável nas parábolas. Enquanto fábulas, as parábolas são simples historinhas de alcance metafórico: "O reino de Deus é tal que..." Mas não há parábola que não introduza na intriga um quê implausível, insólito, desproporcional, quando não escandaloso: um grão de trigo que produz cem grãos, um grão de mostarda que dá uma árvore gigantesca, um trabalhador da undécima hora é tão bem pago quanto um da hora primeira, um convidado posto na rua por não usar o traje de bodas, etc. É por essa espécie de *extravagância* que o sentido literal do relato é transportado para um sentido metafórico inapreensível. O extraordinário vara o ordinário e aponta para o além do relato. A mesma transgressão de sentido é observada nas proclamações escatológicas em que Jesus adota a forma de discurso sobre as coisas últimas, comum em seu tempo, unicamente para subverter o cálculo: "O reino de Deus não vem com aparência exterior. Nem dirão: Ei-lo aqui, ou: Ei-lo ali; porque eis que o reino de Deus está entre vós." A mesma transgressão afeta o propósito comum do provérbio, que é orientar a vida nas circunstâncias costumeiras; paradoxos e hipérboles dissuadem o ouvinte de formar um projeto coerente e de fazer da sua existência uma totalidade contínua. Paradoxo: "Qualquer que procurar salvar a sua vida, perdê-la-á, e qualquer que a perder, salvá-la-á." Hipérbole: "Se qualquer te bater na face direita, oferece-lhe também a outra; e, ao que quiser pleitear contigo, e tirar-te a túnica, larga-lhe também a capa; e, se qualquer te obrigar a caminhar uma milha, vai com ele duas." Da mesma maneira que a parábola, submetida à lei da extravagância, faz surgir o extraordinário do ordinário, o provérbio, submetido à lei do paradoxo e da hipérbole, orienta desorientando.

Se agora aproximarmos o que foi dito do Nome inominável, revelado no episódio da sarça ardente, dessa espécie de transgressão das formas usuais da parábola, do provérbio, da proclamação escatológica pelo uso concertado da extravagância, da hipérbole, do paradoxo, esboça-se uma nova categoria discursiva, a das *expressões-limite*. Não é uma forma de discurso suplementar, embora a parábola como tal constitua, sim, uma modalidade autônoma de expressão da fé. Trata-se, antes, de um indício, de uma modificação, que pode sem dúvida afetar todas as formas de discurso, por uma espécie de passagem ao limite. Se o caso da parábola é exemplar, é porque ela cumula estrutura narrativa, processo metafórico e expressão-limite. Com isso, ela constitui um resumo da nomeação de Deus. Por sua estrutura narrativa, ela lembra o primeiro arraigamento da fé no relato. Por seu processos metafórico, ela torna manifesto o caráter poético (no sentido dito acima) da linguagem da fé em seu conjunto. Enfim, unindo metáfora e expressão-limite, ela fornece a matriz mesma da linguagem teológica, na medida em que esta conjuge a analogia e a negação na voz de eminência (Deus é como... Deus não é...).

Esta última observação nos leva a exprimir certa reserva acerca do uso da expressão de Outro para designar Deus. Ela serviu de emblema ao que foi chamado de "teologia dialética". Mas, em certo sentido, ela não é suficientemente dialética, na medida em que não explica a pulsação entre as manifestações do Nome por e através da polifonia dos discursos (relatos, leis, profecias, etc.) e a retirada do Nome para fora da linguagem, como atestam o episódio da sarça ardente e a extravagância das parábolas. Essa pulsação adquire um sentido diferente no Antigo Testamento e no Novo Testamento, mas sem verdadeira ruptura entre um e outro Testamentos. Assim, o Antigo Testamento diz uma só coisa de Deus, a saber, que ele é Um. Todavia, essa afirmação tem duas vertentes: a do inominável: "Eu sou o primeiro, e eu sou o último" (Isaías 44, 6), mas também a da unidade polifônica entre todos os Nomes de Deus: Deus é o mesmo, quer salve, quer abençoe, quer julgue, quer tenha piedade. A continuidade entre os dois Testamentos é assegurada sob esse aspecto pelo vínculo tipológico que os une. Do lado da manifestação do Nome, o relato da Ressurreição faz eco ao do Êxodo; do lado da retirada do Nome, as expressões-limite sobre o reino de Deus nas parábolas de Jesus respondem e correspondem ao que podemos chamar retrospectivamente de expressões-limite do episódio da sarça ardente. A "novidade" do Novo Testamento por certo não é negável: ela se resume na função de *centro* que o poema de Cristo confere ao poema de Deus. Mas o impulso em direção ao centro é aquilo que, para uma leitura cristã, trabalha do interior a "unidade imaginativa" da Bíblia. O Novo Testamento identifica esse centro com a pessoa de Cristo[10].

Ora, essa identificação do centro não abole de forma alguma a dialética da manifestação e da retirada do Nome. Ao contrário, ela se intensifica na medida em que o "reino" que Jesus prega é o reino de *Deus*, em que a ressurreição é um ato de *Deus* e em que o Jesus da história – na medida em que o conhecemos através do Cristo da fé – foi interpretado pela comunidade confessante como "o homem determinado em sua existência pelo Deus que proclama", conforme a expressão do teólogo Pannenberg. É essa remissão de Cristo a Deus que intensifica, sem aboli-la, a dialética da manifestação e da retirada.

O que resulta dessa dialética para a constituição do si respondente? O leitor da Bíblia, diremos mais uma vez

---

10. Frye, *op. cit.*, pp. 76-7, 137-8.

com Northrop Frye, é finalmente convidado a se identificar ao Livro[11], que procede por sua vez da identificação metafórica entre a palavra de Deus e a pessoa de Cristo. Por essa identificação no segundo grau, esse leitor é convidado também a "repetir" – no sentido kierkegaardiano de "repetição" – a pulsação entre a retirada do Nome e a busca do centro. À unidade de Deus na retirada de seu Nome, respondem do lado do si o desaparecimento do ego, o despojamento de si ("Qualquer que procurar salvar a sua vida, perdê-la-á, e qualquer que a perder, salvá-la-á"). Quanto à busca de um centro pessoal, ela necessariamente reflete uma "unidade imaginativa" sempre diferida pela retirada do Nome.

---

11. *Ibid.*, pp. 137-8.

III

O SI "MANDATADO"
O MY PROPHETIC SOUL![1]

---

1. Este texto foi extraído das *Gifford Lectures* (leitura X).

A presente conferência deve ser entendida e lida como a contrapartida da precedente[2]. Nessa última procurei dizer por meio de qual *grade simbólica* – inclusive a dimensão narrativa – o si se compreende na tradição judaica e cristã.

Procurarei dizer hoje *que si* se compreende assim. Dessa forma, porei, não um ponto final, mas três pontinhos na série inteira das nossas investigações. Para tanto, escolhi uma série descontínua de *figuras do si*, relativas a diferentes contextos culturais de interpretação, que têm entre si unicamente um mesmo ar de família, *a family resemblance* (Wittgenstein), que poderíamos caracterizar *grosso modo* com o termo de "si mandatado" (*"responsive self "*). Neste, o si é constituído e definido por sua posição de respondente relativamente a proposições de sentido oriundas da rede simbólica descrita precedentemente. Antes de qualquer explicitação ou interpretação,

---

2. Cf. *supra*, "Sobre esta edição", p. XI, nota 4.

esse termo se opõe diametralmente ao *hýbris* filosófico do si que se coloca absolutamente. Todavia, ele não o substitui, no mesmo lugar, na medida em que um si que responde é um *si em relação*, e não um si *ab-soluto*, isto é, fora de relação e, a esse título, fundamento de toda relação. Quanto ao mais, esse termo de "si mandatado" deixa espaço para certa congruência com o si descrito em nossa hermenêutica do *eu sou*, o qual, em suas linhas gerais, já era um si em relação e, a esse título, um si em posição de respondente. No entanto, não quero insinuar que o si formado e conformado de acordo com os paradigmas bíblicos coroa o si da nossa hermenêutica filosófica. Isso seria trair nossa afirmação sem ambiguidade segundo a qual o modo de vida cristão é uma aposta e um destino, e que quem o assume não está habilitado por sua confissão nem a se manter numa posição defensiva nem a se prevalecer de uma superioridade em relação a todos os outros gêneros de vida, por falta de critérios de comparação capazes de decidir entre pretensões rivais. O si que responde aqui responde precisamente a *esse* conjunto simbólico delimitado pelo cânone bíblico e desenvolvido por uma ou outra das tradições históricas que se enxertam nas Escrituras a que essas tradições se ligam.

1. O chamamento profético

Escolhi como primeira figura do si respondente a que é configurada pelos *relatos* ditos de *vocação profética* no Antigo Testamento. Essa primeira figura dá à noção de si respondente uma determinação específica que se exprime pelo próprio título que dei a esta conferência: "o si mandatado". De fato, todas as figuras se referem a ele, não no modo da imitação repetitiva, mas de um desenvolvimento que, por mais descontínuo que seja, não rompe o fio que liga as figuras ulteriores à figura original.

Nem é preciso dizer que a escolha desses relatos não implica de forma alguma que reconsideremos nossa recusa anterior de dar um *centro* teológico ao Antigo Testamento ou, mesmo, que recaiamos no trilho da exegese e da teologia do Antigo Testamento que opunham profetismo a legalismo. Basta a nós que os relatos de vocação dos profetas tenham uma relação de *homologia paroxística* com a estrutura comum a todos os escritos veterotestamentários, a saber, sua estrutura dialogal que confronta às palavras e aos atos de Deus a resposta que lhes dão os homens.

Como os relatos de vocação dos profetas que vamos examinar agora se relacionam a essa estrutura globalmente dialogal? Eles constituem sequências narrativas bem delimitadas e, como vamos ver, estruturadas de forma típica no interior de relatos mais vastos, os que Claus

Westermann[3] chama de "histórias de mediadores": quer se trate de mediadores cultuais – os sacerdotes –, de heróis justiceiros e conquistadores – os Juízes –, enfim de profetas de juízo, como aqueles de que vamos falar. Estes últimos, ao contrário dos primeiros, são mediadores de história, de uma história em movimento, de uma história iminente, que eles "veem" vir (Paul Beauchamp[4]) e que interpretam para seu povo como o exercício de um juízo feito contra ele. É essa missão que faz deles mediadores, não conquistadores, mas *sofrentes*, cuja palavra de dor se inscreve na trajetória da lamentação, como se vê em Jeremias. Com isso, seu destino anuncia o Servo sofrente, cujos cantos patéticos o Deutero-Isaías recolheu. Como no caso desse servo sem *nome*, o sofrimento tomou lugar da ação (Claus Westermann).

Se os relatos de vocação, que inauguram a carreira dolorosa do profeta, merecem ser destacados do seu contexto, de maneira que forneçam o primeiro tipo de si respondente, é primeiramente porque a resposta do profeta é, neles, estritamente pessoal. Neles, não vemos mais se alternarem o *eu* e o *nós*, como nos Salmos. Aqui, o indivíduo já não é apenas membro da comunidade do povo, embora continue a sê-lo num grau extremo, como diremos mais adiante; ele é a *exceção*, no sentido de Karl

---

3. Cf. *supra*, p. XI.
4. Cf. Paul Beauchamp, *L'Un et l'Autre Testaments. Essai de lecture*, t. I, cap. 2, "Les prophètes", pp. 74-105. (N. do E. fr.)

Jaspers, arrancado da sua condição, do seu lugar, do seu desejo. Além disso, a face subjetiva da sua resposta é objeto de um relato distinto, na forma de uma confissão na primeira pessoa; e, quando o relato está na terceira pessoa, os pensamentos, os impulsos, as emoções são relatadas numa forma próxima do moderno "monólogo citado" ou "narrado", que faz o relato na terceira pessoa se avizinhar da primeira pessoa da autobiografia[5].

Última razão de dar a esses relatos de vocação um destino particular: pondo por escrito esses relatos quase autobiográficos, acompanhando talvez os próprios profetas reputados por terem confiado sua palavra à escrita, os escribas posteriores deram uma sobrevida *literária* a essas palavras eminentemente circunstanciais; o *Sitz im Leben* foi sucedido por um *Sitz im Wort*, à custa da estilização dramática que vamos explanar, mas em benefício do "tipo" a que esses relatos singulares se elevam[6]. É

---

5. Robert Alter, em *The Art of Biblical Narrative*, mostrou a importância considerável que a citação (monólogo "citado") e o relato de pensamentos (monólogo "narrado") têm na arte bíblica da narração. É com um sentido próximo que utilizamos, acompanhando E. Anscombe, a fórmula bíblica: "Deus disse em seu coração: farei...", para ilustrar a atribuição a uma terceira pessoa do poder de se designar.

6. É essa, sem dúvida, uma razão pela qual, depois do exílio, os escribas conservaram essas palavras muitas vezes tão terríveis, condenatórias, a despeito do paradoxo de uma profecia ouvida e recebida *post eventum*. Gerhard von Rad observa: "Não deveríamos nos lembrar [...] de que, quando uma profecia cai nas mãos dos que a

sob essa última condição de estilização que esses relatos puderam dar origem ao que, por uma investigação do si respondente, constitui o paradigma absolutamente original a que demos o nome de "si mandatado".

Precisamos agora dizer em que sentido esse si mandado, mandatado, ordenado, satisfaz o que nos arriscamos a chamar de uma relação de homologia paroxística com a estrutura geralmente dialogal da relação entre a palavra ativa de Deus e a resposta recalcitrante dos humanos. Tomarei como referência, reservando-me o direito de diversificá-la um pouco, a *Gattungsstruktur* que certos exegetas extraíram da comparação entre alguns relatos estilizados de vocações[7].

---

transmitiram, esse simples fato significou que a época em que a profecia pôde ser tomada no sentido estrito que tinha no momento em que foi originariamente pronunciada já era uma coisa do passado", *Théologie de l'Ancien Testament*, t. II, trad. ingl., p. 49 (trad. fr.: Genebra, Labor et Fides, 1985). Von Rad está certo ao frisar a amplitude do problema hermenêutico posto com isso. Mas não é aqui o lugar de discuti-lo, a não ser para salientar o fato de que a escrita transforma a *exceção* em *paradigma*.

7. N. Habel, "The Form and Signifiance of the Call Narratives", *Zeitschrift für die alttestamentliche Wissenschaft*, 1965, pp. 297-329. O autor examina seis ou sete relatos estilizados: o apelo de Gedeão em Juízes 6, 11-17, o de Moisés em Êxodo 3, 1-12, o de Jeremias em Jeremias 1, 4-10, o de Isaías em Isaías 6, 1-13, o de Ezequiel em Ezequiel 1, 1 a 3, 15, o do segundo Isaías em Isaías 40, 1-11. Ele extrai daí uma *Gattungsstruktur* em seis episódios: confronto com Deus, palavra de introdução, missão propriamente dita, objeção do enviado, reafirmação

O si "mandatado"

A primeira fase dessa estrutura é a *confrontação* com Deus; ela adquire em certos relatos uma amplitude considerável. "Sarça ardente" para Moisés, teofania no templo para Isaías, visão do "carro do Senhor", depois do livro oferecido para ser devorado – no sentido literal da palavra – em Ezequiel. Essa amplitude dada à cena de confrontação exprime a estrutura eminentemente dissimétrica da relação dialogal entre o *eu* do profeta e o *eu* divino que o envia. Essa desproporção inicial está sublinhada ademais pela espécie de interrupção que o chamamento opera no decorrer da vida do profeta; o eu profético é tão radicalmente descentrado que é desenraizado do seu lugar inicial: Amós é tirado de detrás do seu rebanho, como havia sido Moisés, "que apascentava o rebanho de Jetro".

Segue a palavra de *introdução* que se anuncia como palavra imemorial, anterior à do profeta, e capaz de se autodesignar na primeira pessoa como a própria fonte de fundação e de autenticação do eu profético. Deus mesmo se anuncia, antes de chamar: "Eu sou o Deus de teu pai, o Deus de Abraão, o Deus de Isaac e o Deus de Jacó"

---

com juramento, dação de um sinal. Essa apresentação demasiado rígida é temperada por W. Zimmerli, em seu grande Comentário ao Livro de Jeremias, na seção "Zur *Form* und Traditionsgeschichte der prophetischen Berufungserzählungen", *Biblischer Kommentar zum alten Testament*, XIII, 1, pp. 16-21. Uma tipologia com quatro variantes é proposta por W. Vogels: "Les Récits des vocations de prophètes", *Nouvelle Revue théologique*, 95, 1973, pp. 3-24.

(Êxodo 3, 6). No relato do Êxodo, a autoapresentação do Senhor é desenvolvida numa sequência distinta, dita da revelação do Nome: "Eu sou aquele que sou", fórmula que não se deve separar da seguinte, em que "eu sou" se torna um nome, o Nome: "'Eu sou' me enviou a vós." Os exegetas estudaram numerosas variantes da fórmula de autoapresentação, cujo cerne se enuncia assim: "eu, o Senhor", "Deus contigo", fórmula retomada com força na fase de reafirmação[8].

Terceira fase: a palavra decisiva pode então ser pronunciada: "eu te *envio*", "vai... e dize-lhes". Essa palavra instaura a identidade mesma do enviado, muitas vezes chamado por seu nome, mas sempre singularmente designado.

Mas essa identidade é percebida logo de primeira como um eu cindido entre a grandeza da missão e a pequenez do enviado. É a quarta fase da *Gattungsstruktur*, a fase dita da "objeção": "Quem sou eu, que vá...", diz Moisés, que no entanto havia respondido: "Eis-me aqui", como Abraão havia feito de acordo com Gênesis 22, 1.

---

8. É verdade que o sentido da transcendência divina leva a compensar essa autoapresentação do Senhor pela interposição de um mensageiro ou pelo ocultamento do sujeito da ação, como em Ezequiel sufocado pela visão: "e ouvi a voz de quem falava" (1, 28); depois: "e eis que uma mão se estendia para mim, e eis que nela havia um rolo de livro" (2, 9). Todavia, Ezequiel pôde dizer, no início do seu relato: "e ali esteve sobre ele a mão do Senhor" (1, 3).

O mesmo Moisés, depois de um novo protesto: "Sou pesado de boca e pesado de língua", chegará até a ficar mudo. Isaías também respondeu: "Eis-me aqui, envia-me a mim." Mas, sob o fardo insuportável de uma palavra de infelicidade, ele gemeu: "Até quando, Senhor?" Jeremias, mortificado para sempre, exclama: "Ainda sou um menino." Ezequiel não objeta, a palavra o submerge. No entanto, lê-se no fim do episódio: "Então o espírito me levantou, e me levou; e eu me fui amargurado, na indignação do meu Espírito; porém a mão do Senhor era forte sobre mim" (3, 14).

A estrutura dialógica – dialógica embora dissimétrica – do envio é selada pela palavra de "reafirmação": "Eu serei contigo", "eu estou contigo", "abrirei a tua boca". O profeta está agora "estabelecido", "ordenado", mas terá de continuar a escutar para falar[9].

É esse o esquema do "eu profético", perfeitamente singularizado pelo chamamento, pela resposta ou mesmo pela recalcitrância[10]. Ao contrário do eu – mais exa-

---

9. Não discuto aqui a questão, muito controversa, da relação entre *visão* e *escuta*, particularmente aguda no caso de Ezequiel. Inclino-me, com Zimmerli, a dizer que a visão tem a função de um estranhamento, de um transportar-se para um alhures absoluto, que interrompe o curso ordinário da vida do enviado.

10. W. Vogels, *op. cit*, teve razão ao modular em vários tipos diferentes o esquema da *Berufungsgattung* segundo Habel. Assim, ele distingue o tipo oficial-soldado (Jonas, Amós), o tipo amo-servo-confidente plenipotenciário (Jeremias, Ezequiel cap. 2), o tipo rei-conse-

tamente do *eu-nós* da queixa e do louvor nos Salmos –, ele é constituído pelo par chamamento-envio.

O chamamento o distingue da comunidade do povo e o constitui em exceção, no sentido salientado acima; o envio liga-o novamente ao povo: "Vai e dize-lhe". O momento isola, o envio liga. De fato, o laço comunitário do envio não poderia ser ocultado pela solidão do chamamento. Se um só é chamado, um povo inteiro é visado. De fato, o povo não cessou de circundar a palavra.

Em primeiro lugar, é numa situação de padecimento que o profeta é chamado: cativeiro no Egito, ameaça de destruição, cativeiro na Babilônia. O profeta é a figura da *crise*. Através da crise, ele pertence ao povo de que é arrancado para ser enviado a ele. Depois, sua palavra, principalmente quando veicula uma profecia de infelicidade, pressupõe uma instrução, uma torá, que foi transgredida; ora, essa torá, ainda que seja em parte obra dos círculos proféticos, é a carta de um povo libertado, que o profeta chama à sua vocação coletiva. Enfim, a forma mais ou menos estereotipada na qual os relatos de vocação foram confiados à escrita atesta a vontade de o profeta-escritor se inscrever numa tradição profética, de Moisés ao último profeta que fala. Por mais singular que seja cada chamamento, ele só começa na medida em que

---

lheiro com três subespécies (Miqueias, Isaías, Ezequiel 1), o tipo mestre-discípulo (Samuel).

forma uma corrente. Pertence assim à essência da palavra profética conjungir na dor uma *ipseidade excepcional* a uma *comunidade tradicional*. Por essa conjunção, o eu profético é "estabelecido" e "ordenado".

Para concluir a análise desse primeiro tipo, vejo, de minha parte, na figura desse "si mandatado" um paradigma que a comunidade cristã, seguindo a comunidade judaica, pôde levar em conta para se interpretar. Essa empreitada fora possibilitada pela passagem, evocada acima, do *Sitz im Leben* ao *Sitz im Wort* da palavra profética. Tornando-se escrita, a palavra viva estava de fato *aberta* a uma história da interpretação.

A compreensão do acontecimento *crístico* à luz da palavra profética pertence sob esse aspecto a essa história da interpretação do si mandatado.

2. "Transformados na imagem crística"

Sobre esse trajeto da interpretação surgem novos paradigmas do si respondente, capazes de exemplificar a relação dialógica que estrutura o espaço de sentido delimitado pelo cânone bíblico.

O paradigma mais próximo do si mandatado do Antigo Testamento é o da conformidade com a figura crística, que parece ter aparecido, pela primeira vez pelo menos, de acordo com testemunho escrito da Igreja primitiva, nas Epístolas de Paulo.

É conhecido o texto tão denso quanto luminoso da Segunda Epístola aos Coríntios: "Mas todos nós, com rosto descoberto [ao contrário de Moisés, que punha um véu no rosto], refletindo como um espelho a glória do Senhor, somos transformados de glória em glória na mesma imagem, como pelo Espírito do Senhor" (2 Coríntios 3, 18). Esse texto adquire todo o seu relevo quando reposto sobre o fundo da proibição mosaica de imagens, não apenas dos falsos deuses ou ídolos, mas do próprio Senhor. Um ícone que não seja um ídolo é possível?

Não é voltando-se para a figura de Adão, criado no entanto "à imagem" de Deus, conforme o relato da Criação em Gênesis 1, 26, que Paulo busca um apoio na tradição hebraica, mas para o tema da "glória" – *glória do Senhor* –, no qual se resume a epifania da Majestade e da santidade, a luz fulgurante do Senhor: "E, subindo Moisés ao monte, a nuvem cobriu o monte. E a glória do SENHOR repousou sobre o monte Sinai" (Êxodo 24, 15--16; cf. Deuteronômio 5, 22). Mas, já no Antigo Testamento, a metáfora da potência se inverte com a figura do "servo sofrente" do Deutero-Isaías: figura sem "beleza nem formosura" (Isaías 53, 2), no entanto é ela que fará a glória divina brilhar até nas extremidades da Terra: "Tu és meu servo, aquele por quem hei de ser glorificado" (49, 3). É no prolongamento dessa nova figuração da glória que a Igreja primitiva confessou a vida e a morte, a morte e a ressurreição de Jesus Cristo como manifestação da glória de Deus.

Ora, é nessa interpretação da glória de Deus *figurada* pela pessoa de Cristo que Paulo enxerta esse tema extraordinário da transformação do homem cristão nessa mesma imagem.

Ele forja assim a metáfora central do si cristão como *cristomorfa*, isto é, a imagem da imagem por excelência. Uma corrente de glória, se ouso dizer – de glória descendente, cumpre precisar –, se forma assim: glória de Deus, glória de Cristo, glória do cristão. No fim da corrente, que a meditação faz remontar à sua origem, o si cristomorfo é ao mesmo tempo plenamente dependente e plenamente consistente: imagem "cada vez mais gloriosa", segundo o apóstolo.

Poderíamos acompanhar o destino dessa metáfora fundadora na tradição dos livros de espiritualidade, nos quais a *imitatio Christi* tem o papel de célula melódica. Preferi assumir o risco de discernir uma filiação mais dissimulada da figura cristomórfica, herdeira do si profético "mandatado", em dois contextos culturais bem determinados, e cada vez um pouco mais distantes do contexto puramente hebraico. Pensei poder assim verificar a capacidade de renovação dessa figura de origem bíblica na fidelidade à sua dupla origem, vétero e neotestamentária.

3. A figura do "mestre interior"

Se escolhi nesse ponto da nossa reflexão a figura do "mestre interior" segundo santo Agostinho, é porque ela constitui um marco significativo do pensamento ocidental no caminho da interiorização da relação de correspondência entre o polo divino do chamamento e o polo humano da resposta. Se não é duvidoso que o platonismo e o neoplatonismo tiveram um papel considerável nesse processo de interiorização, é não menos verdade que o componente bíblico desse neoplatonismo cristão continua sendo dominante e que o componente grego sofre uma transformação decisiva, por ser assim integrado a essa nova figura do si "mandatado".

O *De Magistro* de santo Agostinho constitui em relação a essa figura o documento básico (*Bibliothèque augustinienne*, n.º 6, 1 – série VI): por mais poderosa que seja a atração exercida pelo tema da *iluminação* (pelo qual se costuma, com razão, caracterizar o pensamento de santo Agostinho), a relação de ensino, constitutiva da relação entre mestre e discípulo, não é transformada a ponto de se tornar irreconhecível, quando não insignificante, penetrando nesse novo espaço de gravitação. Muito pelo contrário, é ela que assegura a especificidade cristã do próprio tema da iluminação, tão próximo de resto da reminiscência platônica. A relação mestre-discípulo é, de fato, o fio condutor desse diálogo comovente entre

Agostinho e Adeodato (o "filho do seu pecado", segundo a expressão mais humilde que autopunitiva do retor convertido havia pouco) nas *Confissões* (livro I, 9), diálogo que lembra muito oportunamente o de Sócrates com o jovem escravo do *Mênon*. Na relação de interlocução própria da relação ensinar/aprender, tal como é praticada em particular nas escolas em que a linguagem é o objeto do discurso, duas características são notáveis. De um lado, os papéis do mestre e do discípulo não são intercambiáveis: um é superior ao outro; essa primeira característica será sublimada, mas não abolida, na figura do mestre interior. Por outro lado, o mestre parece ser exterior ao discípulo: um ensina, o outro é ensinado. Na verdade, essa segunda característica será francamente anulada; o processo de interiorização começa de fato desde o conhecimento profano e se completa com as verdades inteligíveis; nesse nível, ninguém aprende de fora; melhor dizendo, nunca se aprende nada (*nusquam igitur discere*) (livro XII, 40); o homem interior é que descobre em si mesmo a verdade, simplesmente ajudado pelo mestre; quanto aos *sinais* da linguagem transmitidos de um homem a outro na relação de ensino, eles servem apenas para "avisar" no momento em que são "consultados"; mas é a verdade das coisas que "preside" e assim "preside o próprio espírito dentro"[11].

---

11. O belo texto que segue diz muito bem o vínculo entre estes três termos: consultar, avisar, presidir. "Agora, para todas as coisas

Eis-nos mergulhados, ao que tudo indica, no platonismo e situados na posteridade da reminiscência platônica. O parentesco com o livro X das *Confissões*, consagrado à *memória*, reforça essa nossa impressão[12]: não aparece aí a memória muito mais como a coleção das verdades eternas do que como o vestígio deixado pelos acontecimentos do nosso passado pessoal? Sem dúvida. Mas, com Agostinho, a teoria da reminiscência se acha separada da teoria da preexistência da alma e, nessa medida, pronta para uma inflexão ainda mais decisiva. Essa inflexão lhe vem da identificação de toda verdade interna e superior com Cristo, que pode ser não somente mestre, mas que na Epístola aos efésios (3, 16-17) são Paulo diz habitar "no homem interior" (livro XI, 38)[13].

---

que compreendemos, não é uma palavra que soa fora de nós que consultamos (*consulimus*) a seu respeito, mas a verdade é que preside (*praesidentem*) o próprio espírito dentro de nós, com as palavras talvez nos advertindo (*admoniti*) a fazê-lo" (XI, 38).

12. A memória é levada em consideração no *De Magistro* em XII, 39, mas ainda como faculdade do passado. No entanto, não são as coisas passadas que apreendemos então, mas suas *imagens* que levamos "nos recônditos da nossa memória", como documento das sensações anteriores; "e, contemplando-as mentalmente e de boa-fé" (*bona conscientia*), não mentimos quando não falamos (XII, 39).

13. Outro texto das Escrituras é lembrado: Mateus 23, 8-9: "Vós, porém, não queirais ser chamados Rabi, porque um só é o vosso Mestre, a saber, o Cristo, e todos vós sois irmãos. E a ninguém na terra chameis vosso pai, porque um só é o vosso Pai, o qual está nos céus." Agostinho resume assim: "Só há um mestre, que está nos céus" (XIV, 46).

O si "mandatado"

Não é negável que a figura crística tenha sido ela própria assimilada à Sabedoria eterna, de acordo com uma tradição que, por mais helenística que seja considerada, está incorporada à Escritura, e à própria Escritura hebraica[14]. Assim, é ele o mestre interior que "consultamos" quando descobrimos em nós a verdade na ordem inteligível. Por conseguinte, "consultar a verdade interior" não é "ser ensinado" com palavras, não é "aprender" de fora, é conhecer por contemplação, "nessa luz interior da verdade que inunda o que chamamos de homem interior de clareza e de gozo" (XII, 40). O tema da iluminação parece ter absorvido o do ensino, a ponto de aboli-lo, na medida mesma em que a contemplação se libertou da mediação da linguagem e das palavras. Mas, se essa absorção, essa libertação eram tão completas quanto no platonismo, a designação da verdade inteligível e da sabedoria como mestre interior não teria se tornado perfeitamente superfetatória, ao passo que a expressão "discípulo da verdade" (XIII, 41) e, mais ainda, a caracterização das ciências ensinadas como "disciplinas" – termo derivado do de discípulo – não teria se esvaziado de todo significado distintivo? Na verdade, a contemplação é uma instrução porque a descoberta da verdade não é a leitura em si mesma de Ideias inatas, logo desde sempre existentes, mas uma descoberta interior. Essa descoberta tam-

---

14. Provérbios 8, 22-31.

bém merece o nome de "ensinamento interior" (XIV, 45). Nessa medida, a figura do mestre interior não é abolida, mas exaltada em face da condição de uma alma que permanece itinerante, porque criada, inclusive na contemplação dos inteligíveis[15]. Portanto a metáfora da luz não poderia substituir a *figura* do mestre, pela simples razão que a luz e o verbo são a mesma coisa.

4. O testemunho da consciência

Gostaria de terminar essa resenha das figuras do si, em sua qualidade de respondente à estrutura do *Grande Código*, pelo tema da consciência, no sentido do alemão *Gewissen* e do inglês *Conscience*. É certamente a expres-

---

15. Os comentadores salientaram a distância que separa aqui Agostinho dos neoplatônicos, para os quais a alma, sendo de natureza divina, não poderia de maneira nenhuma aprender, nem mesmo no sentido sublimado admitido por Agostinho. Sobre tudo isso, cf. Étienne Gilson, *Introduction à l'étude de saint Augustin*, Paris, Vrin, 1949, pp. 88-102, "Le maître intérieur". Segundo o célebre intérprete, o corte com o neoplatonismo começa com a distinção entre reminiscência e preexistência, em razão da tese da criação da alma; a memória, por conseguinte, é memória do presente, não do passado da alma; depois, a iluminação de uma criatura distinta de Deus não exclui nem descoberta nem progresso; a teoria da iluminação não é um inatismo. É essa distância que, a meu ver, deixa um espaço para a figura do mestre. Mesmo interior, mesmo mais interior a mim mesmo do que eu mesmo, o mestre é o outro da alma.

são mais interiorizada do si respondente, interiorizada a ponto de se constituir em *instância autônoma* na cultura moral originária da *Aufklärung*, principalmente na *Crítica da razão prática* em Kant, prolongada na *Fenomenologia do espírito* com Hegel. Longe de me aplicar em polemizar contra essa autonomia conquistada da consciência, gostaria de mostrar que ela abre novas possibilidades de interpretação para a estrutura dialogal da existência cristã, sem romper com isso o fio que liga essa figura do si respondente à primeira que levamos em conta, a do si "mandatado" dos relatos de vocação profética.

Essas novas possibilidades de interpretação foram preservadas pela análise fenomenológica que fizemos do fenômeno do *Gewissen* no fim da nossa 8.ª conferência. Duas características haviam sido salientadas então: primeiro, a estrutura de chamamento, que faz da consciência uma voz que o cuidado dirige a si mesmo; depois, a prioridade do fenômeno do testemunho em relação ao da acusação: pela consciência, o si atesta seu poder-ser mais próprio antes de e a fim de medir a inadequação do seu fazer em relação a seu ser mais profundo.

Havíamos sublinhado então o caráter neutro do fenômeno da consciência no que concerne à sua interpretação religiosa: é o si que faz um *chamamento* a si e *atesta* seu poder-ser mais próprio. É bom que seja assim. Se uma interpretação teológica da consciência é possível, ela pressupõe precisamente essa intimidade consigo mesma da consciência. É no diálogo consigo mesmo que se enxerta a resposta do si profético e cristomorfo. Nesse enxerto, os dois órgãos vivos se transformaram um no outro: de um lado, o chamamento de si a si mesmo é intensificado e transformado pela *figura* que lhe serve de modelo e arquétipo; do outro, a figura transcendente é interiorizada pelo movimento de *apropriação* que a transmuta em voz interior.

São Paulo foi sem dúvida o primeiro a perceber essa conexão entre um fenômeno não especificamente religioso (em todo o caso, não especificamente cristão), que ele chamava de *syneídesis* – conhecimento compartilhado consigo mesmo – e o querigma de Cristo que ele interpreta nos termos da "justificação pela fé". É essencial que essa "justificação", que não vem de nós, possa ser recebida na intimidade de uma consciência que já proporciona por si mesma a estrutura dual de uma voz que chama e de um si que responde, e que além disso já está constituída em instância de testemunho e de juízo. A consciência é, desse modo, a pressuposição antropológica sem a qual a "justificação pela fé" seria um acontecimento marcado por um radical extrinsecismo.

A consciência se torna assim, numa perspectiva que permanece profundamente paulina, o órgão da recepção do querigma[16].

---

16. Rudolf Bultmann, em sua *Teologia do Novo Testamento*, não hesita em situá-la na constelação dos "conceitos antropológicos" que delimitam as estruturas formais da existência humana e que, a esse

O si "mandatado"

Em suma, para o próprio Paulo, o pregador da salvação pela fé sem as obras, a consciência é uma estrutura

---

título, descrevem um "homem anterior à fé": trad. ingl., "Man Prior to Faith", 1, 190-269 (sobre a *syneídesis*, *op. cit.*, pp. 206-20). É esse o estatuto de conceitos como corpo (*sôma*), alma (*psykhé*), espírito (*noûs*), coração (*kardía*), carne (*sarx*), mundo (*kósmos*) e até lei (*nómos*) (com esse último, a fronteira entre antropologia e soteriologia é alcançada, mas não atravessada). Todos esses conceitos, salientemos, designam, não partes ou faculdades, mas a totalidade do homem sob certo aspecto. A consciência, o *Gewissen*, é o conhecimento compartilhado consigo mesmo que, ao contrário do *noûs*, não é voltado para este ou aquele pensamento, mas reflete, examina e julga; a consciência caracteriza portanto a relação do homem consigo mesmo, mas sempre no que concerne a alguma exigência marcada pela distinção entre o bem e o mal. Essa exigência pode ser muito concreta, ou mais geral, ou francamente universal. Assim, primeiro exemplo, a boa e a má consciência exprimem a convicção de agir em conformidade ou em desacordo com o que se considera a coisa a ser feita numa circunstância particular (assim, para o cristão convidado por um pagão, comer ou não carnes sacrificadas aos ídolos [1 Coríntios 8, 7, 12; 10, 25-30]). Segundo exemplo: o cidadão se submeterá à autoridade, não só "por medo do castigo", mas "por motivo de consciência" (Romanos 13, 5). Terceiro exemplo: a consciência designa em profundidade o *testemunho* prestado à lei inscrita nos corações, como se vê entre os pagãos que ignoram a lei de Moisés: "Porque, quando os gentios, que não têm lei, fazem naturalmente as coisas que são da lei, não tendo eles lei, para si mesmos são lei; os quais mostram a obra da lei escrita em seus corações, testificando juntamente a sua consciência e os seus pensamentos, quer acusando-os, quer defendendo-os" (Romanos 2, 14-15). O próprio Paulo reivindica esse testemunho, que não tem nada de especificamente cristão, quando afirma a sinceridade das suas palavras ou do seu gênero de vida (1 Coríntios 4, 4; Romanos 9, 1; 2 Coríntios 1, 12).

inalienável da existência: cabe ao homem – pagão ou não, grego ou judeu – ter uma consciência, isto é, um conhecimento de si que comporte essa característica relacional mínima de se relacionar a alguma instância qualificada pela diferença entre o bem e o mal.

Uma teologia da consciência requer, todavia, uma reinterpretação simultânea tanto do fenômeno da consciência como do querigma cristão. Esboçamos a primeira ao fim da nossa oitava conferência (*) por meio de uma apropriação crítica da análise heideggeriana da consciência: nela, a autonomia da consciência kantiana é temperada pela confissão do não controle de si que caracteriza uma instância no entanto radicalmente *própria*, sempre minha, conforme a forte expressão de Heidegger. Esboçamos a reinterpretação do querigma ao longo de nossa penúltima conferência*: nela, a transcendência do querigma apareceu simetricamente temperada pelo processo incessante de interpretação do espaço simbólico aberto e delimitado pelo cânone bíblico; nesse espaço simbólico se inscreve o "Grande Código" – para retomar, acompanhando Northrop Frye[17], a magnífica expressão de W. Blake –, que *nos* interpreta na medida em que nós *o* interpretamos.

Essa teologia da consciência, na verdade, precisa ser quase inteiramente feita. De fato, poucos teólogos con-

---

* Ver abaixo, pp. 102-14, e acima, pp. 48-53. (N. do E. fr.)
17. Northrop Frye, *op. cit.*

temporâneos se aplicaram em reinterpretar o fenômeno da consciência, a despeito do espaço que ela ocupa em Lutero. Tanto mais preciosas são por isso as "reflexões teológicas sobre a consciência" do teólogo luterano Gerhard Ebeling[18]. O autor formula suas reflexões no âmbito de um pensamento teológico dominado pela noção de acontecimento da palavra (*Wort-Ereignis, Word-Event*): o acontecimento da salvação é por excelência um acontecimento de palavra. A consciência parece constituir, a esse respeito, um tema teológico digno de interesse, na medida em que ela mesma é um acontecimento de palavra em virtude da sua estrutura de chamamento. A consciência proporciona assim uma ocasião privilegiada para apreender a conexão entre teologia e linguagem[19]. É no entanto no caráter *incondicional* do juízo de consciência, muito mais que em sua autonomia ou em sua solidão, que o autor se concentra. Ora, a própria fé é uma decisão última e incondicional. É, portanto, como *ultimate concern* que ela encontra a consciência. Mas esse caráter incondicional comum à fé e à consciência não isola o indivíduo em seu foro interior. A sugestão mais notável

---

18. Gerhard Ebeling, "Theologische Erwägungen über das Gewissen", em *Wort und Glaube*, Tübingen, Mohr, 1960, 1962, pp. 429-36; trad. ingl. "Theological Reflections on Conscience" em *Word and Faith*, SCM Press, Londres, pp. 407-23.

19. *The Conscience could now be the point where the nature of man's linguistically comes to light* (trad. ingl., p. 409).

de Ebeling está relacionada ao que ele chama de estrutura triádica da consciência. Na consciência, o cuidado consigo, a atenção para com o mundo, a escuta de Deus se entrecruzam: *Only where God is encountered as a question of conscience are man and the world perceived to be a question of conscience*[20]. Além do mais, cada polo dessa realização triádica é aberto para o futuro: Deus não está à disposição do homem, na medida em que é o Deus que "vem" na promessa; quanto ao mundo, a consciência o atinge como criação que suspira depois do livramento (Romanos 8, 19); enfim, o homem não é dado a si mesmo, mas questionado e, assim, também ele "aberto" pelo desafio de responder. Por todas essas características, G. Ebeling faz com felicidade eco à tentativa de Heidegger de não confinar o fenômeno da consciência no plano da moralidade. A consciência é fundamentalmente princípio de individuação, muito mais que instância de juízo e de acusação. No entanto, G. Ebeling não vai tão longe quanto Heidegger em sua interpretação da *Schuld* além do bem e do mal, se assim podemos dizer. Ele propõe, ao contrário, situar esse fenômeno no ponto de articulação da dogmática (isto é, essencialmente para ele a soteriologia) e da ética. Conta assim satisfazer à intenção semântica contida no termo neotestamentário de *syneídesis*, segundo a qual a relação de si consigo que deter-

---

20. *Ibid.*, p. 412.

mina o ser do homem é a de uma *joint cognizance*[21]. Assim, G. Ebeling pensa poder reconciliar a análise paulina com a análise heideggeriana, na medida mesma em que, tanto para uma como para a outra, o chamamento da consciência é um chamamento de si a si, em que a identidade própria da ipseidade procede de uma clivagem, de uma *Distanz*, muito mais que de uma *Instanz*, mais radical do que qualquer "má" consciência. A consciência revela o caráter problemático da identidade pessoal no momento em que esta é chamada de volta à sua condição de *ultimate concern*. A "má" consciência é, antes de qualquer caracterização moral, o sentimento doloroso da não identidade da qual emerge a ipseidade; a "boa" consciência é a alegria da vinda à expressão de si mesmo fora desses *pangs of conscience*.

De minha parte, estarei mais preocupado com assinalar o caráter dialético do *coram seipso* e do *coram Deo*, entre os quais G. Ebeling enxerga, parece, uma maior continuidade. Ele tem certamente razão de dizer que, na *bona conscientia*, o homem cristão se rejubila de que o Evangelho seja efetivamente comunicado como *word event* – que, nele, o homem seja tanto preservado do desespero como alertado contra a presunção –, que nessa reconciliação consiste o verdadeiro si (*true self*). Também tem razão ao afirmar que nessa comunicação se realiza a

---

21. *Ibid.*, p. 417.

verdadeira oposição entre Evangelho e Lei, oposição cara a Paulo e a Lutero. No entanto, é em outro ponto que me concentrarei principalmente. Se a salvação é *word event*, a comunicação desse acontecimento de palavra não se dá sem uma interpretação da rede simbólica inteira que o dado bíblico constitui. Interpretação na qual o si é ao mesmo tempo o interpretante e o interpretado.

Ora, para nós, que viemos depois da *Aufklärung*, a tensão se tornou aguda no seio da estrutura dialogal entre o polo da consciência "autônoma" e a *obediência* da fé. Esse caráter tensivo no seio do si respondente explica o paradoxo seguinte: é na medida em que o si é capaz de julgar por si mesmo, "em consciência", que ele pode responder de maneira responsável à Palavra que lhe vem pela Escritura. A fé cristã não consiste em dizer simplesmente que é Deus que fala na consciência. Essa imediatidade professada por Rousseau na *Profession de foi du vicaire savoyard* [Profissão de fé do vigário saboiano] – "Consciência! Consciência! Voz divina..." – desconhece a mediação da interpretação entre a autonomia da consciência e a obediência da fé. Já é uma interpretação o que temos em são Paulo, quando ele dá como chave para a sua mensagem a "justificação pela fé". Ele não pretende de modo algum identificar entre elas a consciência comum a todos os homens e a justificação pela fé que passa pela confissão de Jesus Cristo. Portanto, é sobre essa articulação que devemos refletir, entre uma consciência cuja autonomia descobrimos, conforme o espírito das Luzes, e uma confissão de fé, cuja estrutura mediata e simbólica descobrimos, conforme o espírito hermenêutico. Essa articulação entre a autonomia da consciência e a simbólica da fé constitui, a meu ver, a condição moderna do "si mandatado". O cristão é aquele que discerne a "conformidade com a imagem de Cristo" no chamamento da consciência. Esse discernimento é uma interpretação. E essa interpretação é o desenlace de um combate pela veracidade e a honestidade intelectuais.

A "síntese" não é toda dada e nunca é feita entre o veredicto da consciência e o cristomorfismo da fé. A síntese é um risco, um "belo risco" (Platão). Na medida em que a leitura cristã do fenômeno da consciência se transformou de aposta em destino, o cristão pode dizer, com o apóstolo Paulo, que é com "boa" consciência que ele aposta sua vida nesse risco[22]. Assim, ele se coloca, para lá de um longo périplo, na descendência do "eu mandatado" do profeta e pode exclamar, até nos tormentos que lhe tornam tão fraterna a figura de Hamlet: "*O my prophetic soul!*"

---

22. "Porque a nossa glória é esta: o testemunho da nossa consciência, de que com simplicidade e sinceridade de Deus, não com sabedoria carnal, mas na graça de Deus, temos vivido no mundo, e de modo particular convosco."

No que segue*, não me proponho de modo algum a repetir as análises conhecidas da autonomia do juízo moral em Kant, nem a me deter na dialética do *Gewissen* na *Fenomenologia do espírito* de Hegel. Gostaria de voltar ao que, até mesmo na interioridade de um juízo que se pretende independente de qualquer autoridade exterior e superior, constitui o núcleo irredutivelmente dialogal expresso pelo *sun* – do grego *syneídesis* – e o *cum* – do latim *conscientia* (o prefixo desapareceu do alemão *Gewissen*, a não ser que tenha se refugiado no *Ge-*, mas foi preservado nas línguas que permaneceram presas por derivação direta à expressão latina). O homem *juiz* do homem, eis o enigma a decifrar. Enigma nesse sentido que o homem que julga não é o homem julgado, embora a ipseidade seja estruturalmente constituída pela identidade mais forte proveniente dessa dualidade interna, fonte da duplicidade que Hegel nela encontrará antes que Nietzsche dela extraia as peças principais do processo[23]. Identidade do duplo, dualidade do simples, isso é que é intrigante.

Para dar plena medida desse fenômeno da consciência, parece-me que é preciso esquivar de sua interpretação puramente moral, muito embora esta possa ser pura e simplesmente rejeitada e deva, ao contrário, ser incluí-

---

* Esta parte foi acrescentada numa última versão do texto. (N. do E. fr.).

23. De que demos um exemplo na sétima conferência.

da num lugar a determinar num conceito mais amplo de consciência. Esse conceito mais amplo nos é sugerido pela própria ideia de *testemunho*, cujas implicações são mais ricas que as que podem ser derivadas da imagem original legal do *tribunal* que condena ou inocenta. Não nego a força da imagem do tribunal, que se impõe assim que se faz da coação da lei moral o critério da obrigação, que nada mais é que a face subjetiva da lei, a qual de fato obriga a vontade. A estrutura dialogal se reduz então à relação íntima entre a vontade, sinteticamente ligada à lei moral, e o querer arbitrário, dividido entre a atração da lei e a atração do desejo. Não nego que Kant, nas páginas admiráveis que a *Crítica da razão prática* consagra ao *respeito*, nos tenha deixado a descrição de um sentimento de grande sutileza, apesar da estreiteza do seu campo de aparição. De fato, graças a esse sentimento, a estrutura hierárquica característica da relação entre *Wille* e *Willkür* se desenvolve na região dos "móveis", isto é, dos princípios subjetivos de determinação (*Bestimmungsgrund*), capazes de comover a vontade e de abri-la à influência da lei. Essa estrutura hierárquica se exprime no fato de que, de um lado, as pretensões da estima moral de si mesmo são "rebaixadas" (*Herabsetzung*) até a humilhação desse amor a si, que, se se apresenta como legislador e como princípio prático incondicionado, pode se chamar presunção (*Eigentükel*) – enquanto, por outro lado, nós nos sentimos "elevados" pela consciência de pertencer à ordem da lei moral que nos faz superiores a todos os fenômenos naturais. Essa dialética do rebaixamento e da elevação é a marca no sentimento dessa dialógica mínima entre vontade moral e vontade arbitrária.

No entanto a consciência como testemunho parece ter uma amplitude que a imagem do tribunal empobrece singularmente. É essa amplitude que Heidegger tentou recuperar para a consciência à custa do que chamarei de uma "des-moralização" – levada talvez longe demais, como direi para concluir. Mas talvez fosse preciso arrancar a consciência da estreiteza do moralismo, quando mais não fosse para livrá-la da violenta crítica nietzschiana que na verdade só conhece, como vocês se lembram, a "má" consciência (*schlechtes Gewissen*), ainda que tenha preservado os direitos da consciência em virtude da qual um homem é capaz desse poder de prometer o que ele chama de "memória da vontade". É dessa consciência que não é nem "má" consciência nem "boa" consciência que é preciso encontrar o sentido. A noção de *testemunho da consciência* pode servir de guia para essa reconquista.

O que a consciência atesta? Essencialmente o "poder ser si mesmo" – que sela a condição do homem como ser de cuidado. Claro, Heidegger não diz homem, mas *Dasein*, ser-aí. Não ignoro o mal que faria ao pensamento de Heidegger em *Ser e tempo*, se eu o projetasse no plano dessa antropologia filosófica que ele vê derivar do cogito cartesiano, como eu disse na conferência sobre o cogito quebrado[24]. No entanto, as análises da nossa oitava conferência mostraram que a antropologia filosófica podia ser pensada de outro modo que não numa linhagem cartesiana, precisamente à luz dessa espécie de fenomenologia hermenêutica desenvolvida em *Ser e tempo*. Ora, é no prolongamento da hermenêutica do "eu sou", esboçada nesta oitava conferência, que a análise seguinte da consciência se desenvolve.

Em que sentido a consciência atesta o poder-ser a si mesmo? Ela o faz, primeiramente, no sentido de que o si é arrancado da perda no anonimato. Graças à consciência, é reconhecido ao si um contrário que não é o outro, outrem, mas o impessoal*. Portanto, se se fala do isolamento, ou mesmo da solidão da consciência, não é para romper a relação *com* outrem, mas ao contrário para dar a outrem o vis-à-vis que ele tem o direito de esperar, o *si mesmo*. Mas como o si se retoma (*zurückholen*) fora do impessoal? Uma segunda característica se propõe aqui, a qual começa a especificar o fenômeno da consciência, a saber, a característica de grito (*Ruf*), de chamamento (*Anruf*), pela qual o si é *levado de volta* a suas possibilidades mais próprias. Essa noção de chamamento, intimamente ligada à de cuidado, dá uma nova profundida-

---

24. Sexta conferência.

* *On*, o sujeito indeterminado (*man* em alemão). (N. do T.)

de ao colóquio íntimo de si consigo, que Kant havia moralizado ao reduzi-lo ao confronto entre a vontade segundo a lei e a vontade arbitrária. Esse colóquio íntimo, além do seu caráter dialogal, apresenta também essa assimetria vertical entre a instância que chama e o si chamado, que a experiência comum identifica com uma voz. A voz da consciência. Essa designação não é falsa, na medida em que o chamamento entra na categoria da palavra, do discurso (*Rede*). Mas, se entendermos por discurso a comunicação de uma informação e se tivermos presente o caráter tagarela (*Gerede*) do impessoal, a consciência se manifesta a esse respeito como um chamamento *silencioso*, um chamamento a *se calar*. A consciência não diz nada tampouco quanto ao *conteúdo* do agir cotidiano, na medida em que é ao *poder-ser* como tal que ela dirige seu chamamento. Nesse sentido, Heidegger prolonga o formalismo kantiano que deixa vazia a forma da universalidade; é, se assim podemos dizer, num formalismo do poder-ser que consiste a consciência. Sem dúvida, é bom que seja assim: cabe somente à experiência em comum dos homens dar os conteúdos empíricos apropriados a esse poder-ser. Ora, esse preenchimento já não pertence à filosofia fundamental à qual ainda pertence a presente investigação. A característica seguinte é mais decisiva: se perguntamos *quem* chama, devemos dizer que, "na consciência, o *Dasein* se chama a si mesmo"²⁵, em outras palavras, o chamamento da consciência outra coisa não é que o chamamento do cuidado. Não se deve protestar apressadamente contra o subjetivismo, o relativismo, o ateísmo. O que Heidegger propõe é uma análise existencial que deixa abertas as interpretações existenciais, tanto as da fé como as do ateísmo. Nesse sentido, Heidegger não fala de forma diferente da de são Paulo, o qual, vocês se lembram, começa sua leitura teológica com a "justificação pela fé", não com a ideia de "consciência", que para ele é uma categoria universal da existência humana. Recusando-se a situar a instância que chama no exterior de si, Heidegger se dá o meio de pôr em evidência o enigma mesmo da consciência, a saber, que o chamamento vem *de mim* (*aus mir*), mas *do acima de mim* (*über mich*). Toda a dificuldade está nesse "acima de mim", inseparável do "a partir de mim". Passando por esse desfiladeiro estreito do enigma, a meditação filosófica desemboca em outro trajeto maior da consciência, a saber, quem chama não decide como senhor de si mesmo; uma experiência de não senhorio está intimamente misturada à dessa proeminência que Sócrates gostava de dramatizar como um "demônio" que o avisava de certo modo de pessoa a pessoa.

É graças a essa característica que a análise da atestação pode coincidir, mas à custa de uma transformação

---

25. *L'Être et le Temps*, p. 274.

profunda, com a do sentimento de culpa – *Schuld* –, vinculado na experiência ordinária à consciência. Mas só podemos coincidir com ela passando por um tema importante do pensamento de Heidegger, de que só posso dar aqui uma ideia grosseira, a saber, que o *Dasein* é "lançado" no mundo e, com isso, afetado por um sentimento de estranheza (*Unheimlichkeit*); mais que isso, ele sofre o fascínio das coisas que na vida cotidiana são objeto da sua preocupação e tende a se representar como um desses objetos dados e manejáveis. Heidegger chama de *Verfallen*, queda, esse fascínio, que não deixa de recordar a ideia bíblica de queda, mas que dela se distingue radicalmente na medida em que essa condição não pode de modo algum ser considerada como fruto de uma ação, menos ainda de uma transgressão que teria posto fim a um estado anterior de inocência; o *Verfallen* não é um acontecimento que o homem pôde fazer ocorrer, sob pena de ser posto de novo no poder do homem. Ele faz parte da condição insuperável do *Dasein*, ao mesmo título que o ser lançado[26].

É essa a origem da estranheza, do fundo da qual o si faz seu chamamento – chama desde a fuga no impessoal.

---

26. Afinal de contas, para são Paulo também, o que ele chama de pecado faz parte da condição universal do homem, ao mesmo título que a lei inscrita em todos os corações; é somente na retomada teológica que a figura do segundo Adão suscita retroativamente a de um primeiro Adão "responsável" pela condição decaída.

O chamamento, inclusive, participa tanto desse fundo de estranheza que somos tentados a dizer: "isso me chama", para contrastar a tendência, proveniente da filosofia do cogito, a considerar a vontade senhora de si mesma até em suas profundezas: a consciência se manifesta como chamamento do cuidado: "O chamante é o *Dasein* que surge do ser-lançado (já ser em...) para o seu poder-ser."[27] Heidegger se situa, assim, além da oposição entre autonomia e heteronomia. Não é a heteronomia, já que o chamante não é uma potência estranha, mas o próprio existente, capaz de projetos a partir de possibilidades radicais que ele não escolheu; tampouco é a autonomia, já que o chamante não é senhor de si mesmo e não seria capaz de planejar o chamamento ao poder-ser mais próprio, como se planeja pelo cálculo e pela organização de uma ação particular no plano da experiência cotidiana. É sob a condição da análise do chamamento, reduzida a suas características mais salientes, que se pode retomar o conceito de *Schuld*.

É aqui que me sinto menos à vontade na análise de Heidegger, na medida em que ela leva longe demais, a meu ver, a ruptura com o que ele chama de "experiência vulgar da culpa"; de acordo com essa experiência, comum de fato a são Paulo e a Nietzsche, a consciência só pode ser uma "má" ou "boa" consciência, isto é, uma instância

---

27. *L'Être et le Temps*, p. 201.

que julga de acordo com a distinção entre o bem e o mal e assim repreende, adverte ou absolve. Para dissociar a culpa, *Schuld*, da "má" consciência, Heidegger apela para uma noção de *dívida* que não seria contaminada pela de um *endividamento* (*Verschuldung*) segundo a metáfora do credor e do devedor, com base na qual, precisamente, Nietzsche construía a noção de "má" consciência. Dessa metáfora, ele só quer conservar o traço negativo vinculado à ideia de não cumprimento de uma obrigação. O *não* para o qual aponta o estar-em-dívida (para adotar a excelente tradução da palavra *Schuld* por Emmanuel Martineau) outra coisa não é que a falta de fundamento, a nulidade (*Nichtigkeit*) que o existente, chamado no entanto a suas possibilidades mais próprias, deriva da sua condição lançada e decaída. Que ninguém é senhor desse fundamento de toda e qualquer opção, que o ser-fundamento (*Grundsein*) não é seu próprio projeto, não é tal graças a si mesmo (*durch sich selbst*), esse é o enigma: "O *Dasein* está, como tal, em dívida (*schuldig*)... como ser-fundamento de uma nulidade (*als Grundsein einer Nichtigkeit*)."[28]

Compreendo, sem aprovar inteiramente, o que move a análise de Heidegger: é a vontade de romper com a tradição agostiniana do *negativum*, identificado por ele

---

28. *L'Être et le Temps*, 285.

ao *malum*, o qual é entendido como *privatio boni*. Mas, se toda coloração moral for excluída da culpa, seja no sentido do formalismo kantiano, seja no sentido da ética material dos valores de Max Scheler, o que a análise da *Schuld* anuncia de específico à do ser-lançado e, sobretudo, à da decaída? Ou então, parece-me, uma inevitável coloração moral já estava ligada à ideia de inautenticidade, solidária do *Verfallen* – nesse caso, a ideia de culpa apenas desenvolve o lado deficiente do *Verfallen*, sem lhe acrescentar nada de específico; ou então, essa coloração moral estava ausente, como afirma com veemência Heidegger, em sua insistência em não dar significado pejorativo à inautenticidade, tida como equivalente da cotidianidade da mensagem – nesse caso, não se vê como a moralidade estaria ligada à ideia de uma culpa tão moralmente neutra. A moralidade, entendida em seu princípio, a saber, a distinção entre o bem e o mal moral, assim como a ideia ordinária, daí decorrente, de um endividamento para com um credor determinado, têm sua condição existencial, diz Heidegger, no estar-em-dívida: "Se o estar-em-dívida originário não pode ser determinado pela moralidade, é que esta já a pressupõe por si mesma" (§ 286). Seja. Mas seria necessário então poder percorrer o caminho inverso e mostrar como a moralidade deriva do estar-em-dívida. A hostilidade de Heidegger em relação a toda problemática ética, particularmente em relação à sua renovação por Max Scheler, é levada tão longe que o aparecimento do momento de moralidade parece indefinidamente adiado numa análise que não a ligou desde o início à distinção entre ser-lançado e ser decaído. Ser lançado não é ser o autor de seu próprio "eu sou"; ser decaído é faltar a seu próprio ser, percebido por conseguinte como *dever*-ser.

A meu ver, é nessa direção que a investigação deveria ser levada depois de Heidegger. Se o chamamento a desenvolver seus possíveis mais próprios não comporta, desde o início, a característica de exigência, logo de obrigação, não vejo como se poderá evitar transferir para a sociedade, para o impessoal, a tarefa de distinguir o bem do mal, o que seria honrar muito o impessoal, precisamente do reino do qual se pretende arrancar o si. Para integrar a distinção do bem e do mal no cuidado heideggeriano, seria preciso renunciar a separar o plano do ser – ser-si, ser fundamento, ser tudo – do plano do agir, como faz Heidegger em sua refutação da explicitação vulgar do *Gewissen* (§ 59). Ora, acaso não é enquanto ser agente e sofrente que o homem é ao mesmo tempo aquele que quer, que decide, que escolhe, em suma aquele que ex-iste, e aquele que é afetado, que padece e sofre com o mau juízo emitido sobre ele por sua própria consciência por ocasião de ações determinadas? Não é num meio de interação que sua dívida é, primeiramente, endividamento para com outrem? Não é no tempo da ação que a consciência é ora retrospectiva quando julga, ora prospectiva quando adverte? Em suma, como a consciência não seria em primeira instância crítica, se tenho de poder distinguir entre meus possíveis mais próprios aqueles que correspondam à regra de justiça sem a qual todos esses possíveis seriam igualmente indiferentes ao bem e ao mal, e o crime posto no mesmo plano de um gesto de generosidade?

Ao cabo dessa discussão demasiado breve, gostaria de dizer que conservo de Heidegger o primado da *atestação* sobre a *acusação* no fenômeno da consciência. A consciência é antes de tudo a atestação de que posso ser eu mesmo. Essa atestação ecoa como um chamamento de si a si mesmo, na medida em que esse poder ser si mesmo é frágil, vulnerável, geralmente perdido no anonimato. A acusação própria da "má" consciência é uma determinação secundária, mas necessária. Ela se prende da seguinte maneira à função de atestação da consciência. A consciência me diz que entre os meus possíveis mais próprios, encontro em mim a capacidade e a exigência de distinguir o bem do mal, capacidade de todo formal, no sentido que cabe à experiência cotidiana e em comum lhe dar um conteúdo. O essencial aqui é que a exigência de distinguir o bem do mal na ação – digamos a *exigência* de justiça – está originalmente ligada à *capacidade* de emitir tal juízo. A atestação incide precisamente sobre esse vínculo original entre exigência e capacidade. Talvez o sentido da *Schuld* é que preceda a "má" consciência. Ela não é, como tal, "má" consciência mas sim possibilidade da "má" consciência, arraigada na capacidade da *crisis*. Nesse sentido, o estar-em-dívida, sem já ser culpa, é abertura prévia à alternativa à qual toda ação é submetida, a de ser ou boa, ou má. Tal abertura à alternativa não quer dizer neutralidade; mas, muito pelo contrário, obrigação de decidir entre uma avaliação e outra pelo juízo. O que a consciência atesta é que o que eu devo nesse sentido puramente formal – a saber, distinguir o bem do mal –, eu posso e todo homem como eu pode. É esse um dos significados que é possível atribuir a este versículo do prólogo do Evangelho de João. "No Verbo estava a luz verdadeira, que ilumina a todo homem."